대만의 여성과 문화
그리고 정책

대만을
생각한다

대만의 여성과 문화
그리고 정책

대만을
생각한다

하영애 지음

저자 서문

필자는 1981년부터 1989년까지 대만에서 유학하였다. 이 8년 간의 기간은 대만 학생들끼리 '빠니엔 캉쟌 (8年 抗戰)'으로 일본에 대항한 8년을 일컫기도 하지만 긴 시간을 의미한다. 이 기간에 대만에서 적지 않은 것을 배우고 체험했으며 이러한 대만은 필자의 제2의 고향이라고 할 수 있다.

무엇보다도 필자가 본 저서를 집필한데는 세 가지의 약속을 지키기 위함이다. 그 첫째는 나 자신과의 약속이다. 모교 국립대만대학(國立臺灣大學)은 박사반 학생들을 훈련시키는데 지독히 엄격했다. 예를 들면, 근대사전집연구(近代史專輯研究)라는 과목은 강의 시간에 세 사람의 교수가 동시에 수업에 들어온다. 사상사의 전문가, 외교사의 전문가, 중국근대사의 최고 권위자이자 전문가인 이들의 이 과목은 3공(三公)과목으로 대단히 어려웠기때문에 본국 학생들도 한번에 패스하기가 드물었고 외국학생인 나는 당연히 한 학기를 유급하는 학문적인 고통을 겪었다. 그때 내게 양계초(梁啓超)의 '今日我以你爲榮, 後日你以我爲榮'이라는 명언은 내게 큰 용기를 주었다. 개략적으로 말하면, '오늘은 내가 당신(대만대학) 덕분으로 영예롭지만, 후일은 그대가 나로 인하여 영광을 누릴 것이다'라는 의미이다. 나는 어려움이 닥칠 때 마다 이 글귀를 떠올리곤 하였다.

두 번째는 '영국을 생각 한다'라는 수십 년 전에 읽은 책이었는데 언젠가는 나도 '대만을 생각 한다'라는 책을 쓰고 싶었다. 나는 '생각'이라는 이 단어를 무척 소중히 하고 싶다. 경희대학교의 설립자 조영식 박사는 '생각하는 자 천하를 얻는다'라는 제하의 문구를 도

서관 입구와 교정의 바위에 새겨놓았고 오가는 모든 사람들에게 참고가 되게 하였다. 세번째는 대만의 마잉주(馬英九) 전 총통과의 약속을 지키기 위해서이다. 2016년 1월 16일 총통선거를 하루 앞두고 대만 총통부를 찾았다. ICW 회장 김정숙 박사와 나는 '총통선거 시찰'로 대만 외교부의 공식초청을 받고 대만 선거를 참관하였으며 15일 총통부로 마총통을 방문하였는데, 끝난 뒤 나는 총통께 "저는 한국인으로 대만대학에서 유학했으며 현재 경희대학교에 재직하고 있습니다. 대만에 관한 책을 쓰고자 하며 총통님과 사진을 찍고 싶으며, 그 책에 신고자합니다" 라고 하였다. 마 총통은 "아! 나의 쉬에메이(學妹; 같은 대학의 후배를 일컬음)로군요. 그렇게 하지요"하면서 흔쾌히 필자와 함께 기념사진을 찍었다. 이러한 세 가지 약속을 지키기 위해서 이 책을 쓴다. 하나 더 추가한다면, 세계가 하나의 지구촌화 영향으로 대학에서도 중국 외에 대만에 대해서도 관심을 갖는 학생들이 많아지고 있다. 특히 교과목 '뛰는 중국 따라잡기-현대중국알기'에서 대만을 다루면서 관련한 교재가 필요하게 되었다. 앞서의 이러한 약속과 대학생들의 시대적 요구에 부응하기 위하여 이 책을 출간하게 되었다.

본 저서는 제1부와 제2부로 구성되었다.

제 1부는 총통선거, 제도개혁과 입법위원 증감으로써

1장은 2016년대만 총통선거와 정책이슈이다. 총통선거에서 정당과 후보들이 선거과정 중 제시한 이슈정책을 양안이슈, 경제정책이슈, 청년정책이슈로 분석하였다. 금년의 총통선거의 특징으로는 대만에서 최초 여성총통으로 당선된 차이잉원(蔡英文)은 '현상유지 양안정책이슈의 선점'에서 그리고 경제정책이슈에서 국민당을 제끼고 압도적으로 승리하였다. 그러나 청년실업문제는 여전히 풀어야 할 관건이기도 하다.

2장은 대만 입법위원 선거제도의 개혁에 대해 다루었다.

2007년까지만 해도 대만의 입법위원수는 225명이었다. 그러나 입법위원이 너무 많으며 국민의 혈세를 낭비한다는 작은 외침에서 시작된 입법위원에 대해 10명도 아닌 112명이 감축되어 입법위원 절반감축이라는 제도의 개혁을 이루어 내었다. 2012년 한국의 국회의원 선거에 대해서도 국회의원 수를 줄여야한다는 대통령 후보들의 의견이 다수 대두되었다. 쉽지 않는 이 제도개혁에 대해 고찰해 본다. 제3장에서는 아시아에서 1위를 달리고 있는 대만의 여성입법위원의 의회진출향상을 다루었다. 이는 무엇보다도 대만당선할당제도(臺灣婦女當選保障名額制度)에 기반 하여, 2008년도부터 이루어낸 불분구입법위원(不分區立法委員) 2분의 1 선거제도 개혁에서 그 근거를 가지 고 있다. 이러한 제도의 개혁에서 당선할당제도는 한국에서 제도도입을 통해 여성국회의원이 증가할 수 있는 제도적 발판이 되었다고 할 수 있다. 특히 여성당선할당제도는 한국에 시사 하는점이 크다. 국회의원 감축의 개혁은 우리도 서서히 추진해 볼 필요가 있다고 생각한다.

제4장은 대만에서 선망의 대상이 되었던 한국 여성 국회의원 박순천에 대해 다루었다. '치마만 입어 여성이지, 남자 정치인 이상이다'라는 평가와 함께 '올곧은 정치인'으로 회자되는 그의 정치사회운동을 통해 그의 사상과 리더십을 고찰할 수 있다. 특히 박순천은 세계 여성정치인과 어깨를 겨눌 수 있는 민주주의를 신봉한 애국자이기도 하다.

제2부는 대만의 사회문화와 성의 평등을 다루었다. 구체적으로는 <대만의 버스안내양 : 자기 좌석에 앉아서 여유 있게 근무>, <3·8부녀절 : 전국 직장여성들의 공인된 휴일로>, <남자들의 시장바구니 - '남자일'과 '여자일' 구분 않는 평등>, <육신보살 - 사후 10년 만에 '습골'하는 풍습>, <자유중국의 구정설날 : 3일간 공휴일... 개인회사는 보름씩 쉬어>, <중국인의 시간관념 - 식사 때 놓치면 사먹기도 힘들어>, <어머니의 사랑 - '오늘의 나' 있게 한 가이 없는 보살핌>등이다.

이는 필자가 대만대학교 박사과정에 유학 하던 시기에 동아일보가 기획한 '거울속의 지구촌 - 해외 한국여성 수상(隨想)-대만' 부분을 연재한 총 7편의 내용을 실었다. 1981년이면 35년 전의 대만의 생활상을 보게 되는 셈이다. 돌이켜보면 아직도 생생하고, 또한 많은 부분이 현재까지도 그대로 남아 실행되고 있는 것을 보면 한 나라의 사회문화란 시대가 달라도 여전히 지속되고 있음을 느끼게 한다. 따라서 그때 연재되었던 내용 중 한자를 한국어로 약간 수정한 외에 그 내용을 그대로 담았다. 생동감, 현실감, 사실감을 중요시했기 때문이다. 특히 3월 8일의 세계여성의 날을 대만은 '산빠 푸뉘지에(3.8 婦女節)'라고 한다. 이는 미국의 여성 '안나 자비스'가 자신의 어머니를 그리워하며 제정한 후 세계적으로 확산되었고 대만은 그날은 여대생들은 학교 강의를 빠져도 공결로 인정되며, 그때 이미 대만의 남편은 아내를 위해 부엌에 들어가는 것을 자처하고 있는 것을 알 수 있으며, 남자들의 시장바구니, 버스 안내양, 중국의 시간관념 등을 통해 대만에서 남성과 여성의 자연스런 평등을 목도하게 된다.

제3부는 권력 구조, 한 중 대만여성의 의회진출과 각국의 정책을 다루었다.

제1장은 대만여성들은 권력구조에서 어떠한 위치에 있으며 어떠한 역할을 하는가에 대해 초기 대만의 당선할당제를 중심으로 한 여성의원들의 정치참여를 고찰하였다. 특히 제2장에서는 동북아에서 한중대만여성의 의회진출현황과 이로 인한 여성의 지위향상을 고찰하였고 또한 한중대만여성들의 의회참여향상을 위한 문제점과 전략적 발전방안을 모색해보았다. 특히 1995년 제4차 세계여성대회가 중국 베이징에서 개최한 이후 세계의 국가들이 추진한 '각 국가의 이행조치'에 주목하였다. 동북아 국가는 여성들의 열악한 정치적 양성평등을 위해서는 유럽 국가들이 실행하고 있는 '남녀동수 의석제도'가 중요하며 아시아에서 선두에 있는 대만여성의 정치참여 역시 타산지석의 효과를 가져 올 수 있을 것 이라고 강조하였다. 또한 양

성평등을 위한 각 국가들의 다양한 정책의 상호답습을 제기하였다.

이 저서가 출간 되도록 도움을 주신 분들께 감사드린다. 먼저 필자를 대만에 유학할 수 있도록 동기를 부여해 주신 고 조재관 은사님, 갓난아기를 두고 유학 가도록 격려해주신 고 박순천 여사님를 비롯하여, 대만대학의 袁頌西, 陳德禹 두 분 지도교수님, 黃長玲교수, 林若雩교수께도 감사드린다. 또한 이연숙 전 장관님, 김정숙 ICW회장님, 동아일보사의 하종대 부국장님, 후마니타스칼리지의 교수님들, 사랑하는 한중여성교류협회 회원들에게도 감사드린다.

특히 필자에게 대만선거 시찰의 기회를 주셨으며 국사다망하신 가운데 추천사를 써주신 대만대표부 스팅(石定)대표께 존경과 큰 감사를 드린다. 또한 대만 대표부의 관계자들과 원고의 교정을 위해 수고해 준 진싱 조교, 최성현 조교에게도 감사를 표한다.

끝으로 유학기간 어린 자녀를 손수 키워주신 시어머님 신옥님 여사님과 남편 백건표씨! 필자의 오늘이 있기까지 언제나 변함없이 정신적 지주가 되어주시는 두 분과 고인이 되신 부모님께도 진심으로 감사의 절을 올린다. 또한 사랑하는 아들 성우와 딸 진아 에게도 고마움을 표한다.

2016. 12
경희대 후마니타스 칼리지 연구실에서
저자 하영애 씀

추천사

　세계여성운동이 100여 년의 역사를 거치며 쟁취하고 확산되면서 성평등 관념은 점차 인류의 보편적 가치로 자리잡고 있습니다. 유엔이 올해(2016년) 시작한 17개 항의 지속가능한 발전목표(SDGs) 중 5번째 항의 목표가 바로 양성평등을 실현하는 것입니다. 지속가능한 발전을 달성하기 위해 여성의 정책참여를 확대하고 여성의 권리 획득을 지지하는 것은 이미 전세계에서 중요한 공감대를 형성하고 있습니다.

　대만은 성 주류화(gender mainstreaming)를 기존의 정책으로 하고 있으며, 대만사회는 여성의 공공업무 활동을 고무하고 지지하고 있습니다. 대만은 지금까지 두 차례의 <유엔 여성차별철폐협약(CEDAW)> 보고서를 완수함으로써 아시아 지역에서 성평등 실적이 신속하게 진보하는 국가가 됐습니다. 대만에서는 차이잉원(蔡英文) 총통이 중화민국(대만) 최초의 여성 총통으로 당선되고, 본기(9대) 입법원(국회)에서 여성 의원이 전체 113석 중 43석(38%)을 차지했으며, 6개 주요 도시 의회의 절반에서 여성이 의장 등을 맡고 있습니다. 이러한 사실은 대만이 여성평등권을 추진하여 획득한 가장 훌륭한 성취의 실례라고 하겠습니다.

　대만과 한국은 지리적으로 인접하며 연원이 깊고 돈독할 뿐 아니라 공히 시장경제와 민주제도를 성공적으로 발전시킨 전 세계의 모범 국가입니다. 양국의 발전 과정과 모델은 각자 경쟁력을 갖고 있다는 점에서, 경험을 체계적으로 공유함으로써 다른 개발도상국들을 위한 최적의 성장모델을 제공하는데 도움이 되고 있습니다.

본서의 저자 하영애 교수는 지난 세기 80년대 대만에서 8년간 유학하며 깊이 연구하여 국립대만대학에서 박사학위를 받았습니다. 아울러 현지에서 장기간 몸소 경험하며 대만의 정치와 경제발전에 대해 깊이 체험하고 관찰할 수 있었습니다. 하 교수가 <대만을 생각한다: 대만의 여성과 문화 그리고 정책>이란 서명으로 저서를 출판함을 알고 기쁨을 금할 수 없습니다. 본서의 내용은 <대만 총통선거와 제도개혁 및 입법위원 증감>과 <대만의 사회문화: 성의 평등>, <권력구조, 한중대만여성의 의회진출, 국가 정책>의 3대 부분을 포함하고 있습니다. 아울러 대만 민주제도의 최신 발전과 운영 현황 및 20세기 80년대 대만의 사회 상황을 아우르고 있습니다. 본서 내용의 소개를 통하여 대만의 정치경제에 대한 한국 독자들의 이해에 도움이 될 것을 믿어 마지않으며, 특별히 글로써 추천하는 바입니다. 한국의 많은 친구들이 대만을 방문하여 대만의 아름다움을 몸소 체험하기를 환영합니다.

2016. 12. 26.
주한 타이베이 대표부
대표 스띵(石定)

推薦文

世界婦女運動歷經百餘年來之爭取與推廣，性別平等觀念已逐漸成為普世價值。聯合國本(2016)年啟動17項永續發展目標(SDGs)之第五項目標即為實現性別平等。為達成永續發展，擴大女性政策參與，支持婦女取得權力，已是重要的全球共識。

台灣向以性別主流化為既定政策，台灣社會鼓勵並支持女性投身公共事務，迄已完成二次《消除對婦女一切形式歧視公約》(CEDAW)報告，為亞洲地區性別平等成績進步迅速之國家。蔡英文總統當選中華民國首位女性總統、本(9)屆立法院女性委員佔113席中之43席(佔38%)、6個主要都會中有半數議會由女性擔任議長等，皆係台灣推動女性平權所獲成就之最佳例證。

台韓地緣相近、淵源深厚，均係同時成功發展市場經濟及民主制度之全球典範。鑒於二者之發展途徑及模式互有擅長，透過系統性經驗分享，有助為其他發展中國家提供絕佳之成長模式。

本書作者河暎愛教授於上世紀80年代曾赴台深造8年，並獲得國立台灣大學博士學位，長期身歷其境，對台灣之政經發展均有深入體察。欣悉河教授以《思考臺灣：臺灣的女性文化政策》為題出版專著，內容包括「台灣總統選舉、制度改革及立法委員增減」以及「台灣的社會文化：性平等」，「權力構造，韓中臺灣女性的議會進出，國家政策」參大部分，涵蓋台灣民主制度最新發展及運作近況，以及上世紀80年代台灣之社會風情。相信透過本書文字之介紹，定能有助韓國讀者對台灣政經社會之瞭解，特為文推薦。歡迎韓國的朋友們造訪台灣，親臨體驗台灣之美。

2016. 12. 26.
代表 石 定 謹識
駐韓國台北代表部

차례

저자 서문 · 4

추천사 – 주한국 타이베이 대표부 대표 石定 · 9

제 1 부 _ 총통선거, 제도개혁과 입법위원 증감

1장_2016년 대만 총통선거와 정책이슈 _ 17
　　1. 서론 _ 17
　　2. 이론적 배경과 선행연구 _ 18
　　3. 대만의 정당과 후보의 경력 프로파일 비교 _ 21
　　4. 2016 대만 총통선거에서 세 후보의 정책이슈 _ 26
　　5. 후보의 이슈전략과 대만유권자의 선택 _ 32
　　6. 결론 _ 43

2장_대만 국회의원 선거제도의 개혁:
　　국회의석수 50% 감축(225명→113명) _ 46
　　1. 서론 _ 46
　　2. 이론적 논의: 의회의 변화, 개혁과 변신 _ 47
　　3. 대만 국회의원 감축의 제도개혁의 과정 _ 50
　　4. 국회의원 정수 과다의 논의 _ 54

3장_대만의 선거제도개혁과 여성국회의원의 의회진출향상:
여성당선할당제도와 성별비례원칙제도 _ 56
1. 서론 _ 56
2. 이론적 논의 _ 58
3. 대만의 여성 관련 선거제도의 변화 _ 60
4. 대만 여성의 의회 진출 현황과 7, 8대 여성의원의 의정활동 _ 66
5. 결론과 시사점 _ 77

4장_대만이 선호한 한국여성정치가 박순천의 사상과 리더십 _ 81
1. 이론적 배경 _ 81
2. 박순천의 정치사회운동을 위한 조직형성과 그 역할 _ 85
3. 박순천의 정치사회운동에 대한 평가 _ 89
4. 결론 _ 92

5장_2016년 ICW-ECM 회의의 대만 개최와 한국여성의 참여 _ 94

제2부 _ 대만의 사회문화: 성 평등

1장_대만의 버스안내양: 자기 좌석에 앉아서 여유 있게 근무_ 101
2장_'3·8 부녀절': 전국 직장여성들의 공인된 휴일로 _ 104
3장_남자들의 시장바구니 - '남자일'과 '여자일' 구분 않는 평등 _ 107
4장_육신보살 - 사후 10년 만에 '습골'하는 풍습 _ 110
5장_자유중국의 구정설날: 공휴3일... 개인회사는 보름씩 쉬어 _ 113

6장_중국인의 시간관념 - 식사 때 놓치면 사먹기도 힘들어 _ 116
7장_어머니의 사랑 - '오늘의 나'있게 한 가이 없는 보살핌 _ 119

제3부 _ 권력구조, 한중대만 여성의 의회진출, 국가 정책

1장_대만의 권력구조에서 여성의 정치참여 - 의회의 동등의석수와
        양성정치평등에 관하여 _ 125
        1. 서론 _ 125
        2. 남녀동수의 의회참여 논리와 각 국 여성의 의회참여 _ 126
        3. 국가수반 및 국회의 여성참여 _ 131
        4. 여성의원의 입법 활동과 발의내용 _ 137
        5. 결론 _ 139

2장_한중대만여성의 정치참여와 국가 정책 _ 140
        1. 서론 _ 140
        2. 이론적 논의 _ 145
        3. 각 국가 여성의 의회진출과 제도적 근거 _ 148
        4. 한중대만여성의 정계진출현황 및 정책변화 _ 153
        5. 제도적 요인이 한중대만여성과 의회의원에 미친 영향 _ 165
        6. 한중대만여성의 정계진출에 있어서의 문제점과 개선방안 _ 173
        7. 결론 _ 184

제 1 부

총통선거, 제도개혁과 입법위원 증감

하영애교수(좌측) 김정숙CW회장(중앙) 石定대만대사부부

1장
2016년 대만 총통선거와 정책이슈

1. 서론

2016년 1월 16일 대만은 총통선거를 치렀다. 경선 초기에는 집권 여당과 제1야당에서 모두 여성을 총통 후보로 결정했기 때문에 동북아에서 한국의 박근혜 대통령에 이어 또 한 사람의 여성대통령이 선출될 전망이어서 대만 총통선거는 시작부터 주목을 받는 선거가 된 것이다. 대만은 1949년 장개석이 중국본토로부터 천도하여 국민당을 중심으로 본인의 세력을 정착시킨 후 국민당체제로 반세기가 지났다. 그러다가 2000년 3월 18일 실시된 대만의 총통선거는 민진당의 천수이볜(陳水扁) 총통이 당선되었고 51년간 국민당 1당 전제 정치에 종지부를 찍고 대만정당사와 민주정치사에 새 기원을 마련하였다. 그 후 2008년 선거에서는 다시 국민당이 정권을 교체하였고 2012년 선거에서 마잉지우(馬英九) 총통이 재임에 성공함으로써 국민당이 집권하였다. 그러나 마 총통과 국민당은 적지 않는 국민들에게 비평을 받고 있었으며 반대로 약진하고 있는 민진당의 인기와 더불어 오래전부터 대만 총통선거는 동북아의 관심을 가져왔다.

중국과 대만은 비록 양안의 경제협력 ECFA(Economic Cooperation Framework Agreement)를 통해 경제적 이점을 공유하고 있었고, 대만이 더욱 긍정적으로 관계유지에 힘쓰고 있는 상황이었지만 대만의 총통선거에 양안정책은 여전히 중요한 이슈임에 틀림없다. 이와 더불어 제1야당 민진당은 총통선거 때 마다 후보의 절대 절명의 이슈였던 '타이뚜(臺獨: 대만독립)' 역시 승리의 최대 관건이었다. 이번 선거에서도 세 후보의 중요한 정책이슈로서, 누가 양안정책이슈를 유권자들에게 잘 어필하고 득표로 연결하여 이슈를 선점 하는가? 하는 점은 지난해 선거 초반부터 연일 불붙고 있는 양안정책 이슈에서도 알 수 있다.

본 연구는 2016년대만 총통선거에서 정당과 후보들이 선거과정 중 제시한 이슈정책을 분석해본다. 또한 후보의 당선에 이슈정책이 어떤 영향을 미쳤는지에 대한 연구를 시도해보고자 하였다.

연구의 방법은 문헌 분석을 중심으로 하고 부분적인 인터뷰 설문조사를 병행 하였다. 인터뷰 설문조사는 현지에서 2016년 1월 14일부터 1월 20일, 2016년 2월 29일부터 3월 2일까지 두 차례에 걸쳐 대만의 정치학자, 여성학 학자, 일반 시민 등을 중점으로 면담하였다. 또한 국민당과 민진당의 당사 등을 방문하고 자료를 수집하였으며, 연구의 시기는 총통선거 초기라고 할 수 있는 2015년 6월부터 투표일(2016년 1월 16일) 이후 금년 3월까지를 중점으로 하였다.

2. 이론적 배경과 선행연구

이슈란 무엇인가? 이슈란 어떤 문제나 요구가 일반 국민의 관심을 끌어 공공정책상의 논점으로 제시되는 포괄적 경우를 의미한다. 그러나 선거에 관한 이슈는 곧 표이다. 선거전에서 이슈논쟁은 국민들에 의해 평가되고, 이것이 득표로 연결된다. 이슈정치학에서 볼 때, 선거유세과정에서 나타나고 사라지는 여러 이슈는 후보들의 당락에 많은 영향을 미치기 때문에 매우 중요하게 취급된다. 따라서 선거이슈를 통제할 수 있는 능력은 권력의 획득을 위해서 매우 중요하다. 이슈가 선거라는 정치과정에서 가지는 의미는 한편으로 정부의 정책과 연결되는 국민의 요구라는 의미와, 다른 한편으로 정치권력의 정당화와 연결되는 유권자들의 지지라는 두 가지 의미를 가진다.[1] 어떤 후보가 일반국민들의 관심을 끌 수 있는 이슈를 제시하여 이들의 에너지를 그 이슈 논쟁에 동원시킬 수 있을 때, 후보는 자신의 이미지를 유권자들에게 심어주는데 성공한 것이다. 특히 이슈논쟁을 자기에게 유리하게 주도하면서 유권자들을 자기편으로 끌어들일 수 있다면 후보는 이슈를 둘러싼 민주주의의 싸움터에서 승리할 수 있을 것이다. 이슈는 선거결과에 영향을 미치는 가장 중요한 변수 중에 하나이다. 따라서 득표 전략에서 제일 먼저 고려해야 할 가장 중요한 요인 중에 하나가 흔히 선거공약이라 불리는 이슈인 것이다. 본 논문에서의 이슈는 넓은 의미의 선거 아젠다를 구성하는 이슈를 말한다. 또한 선거기간 동안 후보와 정당들이 내세운 선거공약의 형태로 나타나는 이슈를 포함한다.

여성이슈는 사회적 이슈로 분류되며, 이는 빈곤, 영세민, 장애자, 사회보장제도, 교육, 노동, 소비자 보호, 문화, 예술 등에 관한 것으로 구성된다. 이러한 이슈는 구체적인 정책대안이 강구될 수 있는 것으로 이슈프리미엄이 이슈 제기자에게 귀속되는 이슈들이다. 즉

---

1) 송근원·정봉성, 『선거와 이슈전략』 (부산: 신지서원, 2005), pp.21-22.

정책적 대안이 제시될 수 있는 정책이슈(policy issue)에 속한다.

한편 정치, 안보, 경제 이슈들이 유권자들의 관심을 끌게 됨으로써 여성과 사회이슈는 아젠다 공간을 차지하기 위한 이슈경쟁에서 우선권을 빼앗긴 패배한 이슈였다[2]고 여성이슈 연구가 많지 않음을 언급한다. 그러나 2000년 총통 선거 시에 천수이볜 후보는 여성장관 확대를 이슈화 하였고 그는 당선 후, 내각에 13명의 여성장관을 기용하여 여성이슈를 실천하였다.[3] 2016년 대만총통선거에서 주요정당의 후보는 어떠한 이슈를 제기하고 있는지 고찰해 본다.

한편, 후보특성이론(candidate's personality theory)이란 유권자들이 이슈에 대한 평가보다 후보 개인의 능력, 매력, 성격 등에 이끌려 표를 던진다고 주장하는 이론이다. 즉 유권자들은 어떤 후보를 이슈 외의 다른 요인 때문에 좋아하고, 그 후보가 제기하는 이슈에 대하여는 자신의 이해관계에 특별히 저촉된다고 느끼지 않는 한, 거의 무비판적으로 동조한다는 것으로서 이슈가 득표에 많은 영향을 미친다는 유권자의 합리성에 바탕을 둔 이론들과는 반대되는 이론이다. 후보의 특성은 후보의 성격이나 매력 등의 비 이슈적인 것에 국한 하지 않고, 후보의 경륜, 지식, 정책능력, 지도력 등 후보의 능력에 관한 사항, 출신성분이나 이념적 성향 등 후보의 자격에 관한 사항, 책임감, 정직성, 도덕성 등 후보의 인성에 관한 모든 것을 포함한다.[4] 이들 특성은 직접적인 정책대안을 제시 하는 것은 아니지만 실제적인 정책수행이나 방향설정에 아주 밀접한 관련이 있기 때문에 어떤 유권자들은 정책이슈보다 이러한 후보의 특성을 더욱 중시

2) 이지호, "제18대 대통령선거에서 선거이슈가 투표참여와 투표선택에 미친 영향," pp.126-127.

3) '중화민국 내각 중 여성각료 현황', 하영애, (2005), pp.383-384.

4) 강원택, "2007년 대통령선거와 이슈: 회고적 평가 혹은 전망적 기대," 『한국 선거정치의 변화와 지속』, (서울: 나남, 2010), pp.22-23.

한다.5) 실제로 선거유세과정에서 후보의 특성에 관한 많은 것들은 이슈로의 전환이 가능하며, 정책이슈는 아니지만 이슈로 전환되어 많은 이슈갈등을 보여주면서 유권자의 관심을 집중시키며 이들에 대한 논쟁이 투표행태에 미치는 영향은 넓은 의미의 이슈프리미엄 이론에 의해서도 설명될 수 있다. 그러므로 본 논문은 이슈이론과 후보 특성이론을 함께 고찰해본다.

대만총통선거에 관한 연구로는 박광득6), 하영애7), 문홍호8), 지은주9) 등의 연구가 있다. 이들 연구는 대만의 선거를 통한 민주화와 야당정권이 다시 국민당으로 교체된 정당교체, 천수이벤 총통선거 및 포괄적으로 총통선거를 분석하고 있고, 마잉주 정부의 정책에 관한 내용과 대만대선과 총선에서 선거의 주요 요인으로 선거제도 등을 다루고 있다.

3. 대만의 정당과 후보의 경력 프로파일 비교

1) 대만의 정당 개괄

민주국가의 정당은 선거를 통해서 국민의 지지를 획득하게 된다. 선거기간에 정당은 경선(競選)을 주도하고 유권자에게 각각 다른 후보와의 다른 정견을 선택할 기회를 제공한다. 정당은 정부와 국민간

---

5) 강원택 (2010), pp.22-23.
6) 박광득, "총통선거후의 대만과 양안관계," 『동북아논총』, 18집 (2001).
   박광득, "2008년 대만 총통선거와 양안관계," 『대한정치학회보』, 제16집 제3호 (2009).
7) 하영애, "제10대 대만총선 분석," 『밝은사회 운동과 여성』, (서울: 범한서적, 2005).
8) 문홍호, "2012 대만대선과 마잉주정부의 정책," 『국방연구』, 55권 1호 (2012).
9) 지은주, "대만대선과 총선(2012)," 『선거연구』, 제2권 1호.

의 중요한 연락체계이다. 만약 정당정치가 실패한다면 민주 그 자체가 붕괴된다. 정당제도는 일당제, 양당제, 다당제가 있으나 대다수 선진 민주국가의 정당정치의 운용은 양당제와 다당제를 가장 이상적인 형태로 채택하고 있다. 집권당 일당이 모든 일을 완전하게 처리하기는 불가능하므로 필히 야당이 국가정사(國家政事)를 관찰 및 감독 견제하여 정치의 부패를 방지하게 된다. 그러므로 필히 양당 혹은 양당이상의 정당이 조야에서 상호 교체하여야만 국가의 정치는 비로소 진보 발전한다. 그러면 정당은 어떻게 정권을 쟁취하는가, 바로 선거(選擧)의 승리를 통해서 정치권력을 획득하는 것이다. 다시 말하면 모든 정당은 선거과정 중에 공평한 경쟁을 통해 누가 최다수 득표를 획득하느냐에 따라서 정권을 획득하는 것이므로 각 정당은 선거에서 승리를 쟁취하기 위해 끊임없이 분투노력하는 것이다.

과거 대만은 집권여당인 중국국민당(中國國民黨, 약칭 국민당) 외에 비록 민주사회당과 청년당이 있었으나 집권당에 대해 견제와 균형의 역할을 못하고 '꽃병정당'의 노릇을 하였다.[10] 후에 정치의 발전과 함께 누차 시행된 선거에서는 소위 우당지(無黨籍) 정치인사의 참여가 부분적인 야당의 역할을 담당하였다. 그러다가 1987년 7월 15일 대만당국이 38년 동안 실시해오던 '계엄령'을 폐지함으로써 1989년 1월부터 다양한 정당들이 공식적으로 활동하게 되었고 그중에서도 야당의 역할을 많이 한 우당지 인사와 당와이(黨外)들을 중심으로 민주진보당(民主進步黨, 약칭 민진당)이 창립되었다. 1996년에 내무부에 등록된 정당의 수는 77개에 달했으나[11] 현재는 놀랄 정도로 많은 92개의 정당이 활동하고 있다.[12] 그러나 대만의 실제정치에

---

10) http://www.huaxia.com/jjtw/twgk/2003/07/177242.html, 华夏经纬网. (검색일: 2015. 8. 13).

11) 하영애 (2005), p.336.

12) http://www.huaxia.com/jjtw/twgk/2003/07/177242.html, 华夏经纬网. (검색일: 2015. 8. 18).

서 선거에 중요한 영향을 미칠 수 있는 정당은 3-4개이다. 주요 정당은 190만 당원을 갖고 있는 국민당(KMT, 1893. 11. 24. 창립, 주석 혹은 대표자 連戰), 9만 당원을 갖고 있다고 주장하는 민진당(DPP, 1986. 9. 28. 陳水扁) 및 7만의 등록당원을 갖고 있는 신당(新黨, NP, 1993. 8. 22. 郁慕明)을 비롯하여[13] 최근에 다시 총통후보를 낸 친민당(親民黨, 2000. 3. 31. 宋楚瑜창립) 등이다.

즉, 2016년의 대만총통선거에서는 국민당, 민진당, 친민당 세 정당을 중심으로 고찰하고자 한다. 국민당에서는 처음에는 국회 부의장 여성후보 홍셔우주(洪秀柱)를 공식적으로 선임하였으나 추후에 주리룬(朱立倫)으로 교체했으며, 민진당은 차이잉원(蔡英文)을, 친민당은 쏭추위(宋楚瑜)가 각각 총통후보로 결정되었다.[14]

2) 세 총통 후보의 프로파일 비교

먼저 세 정당의 주요후보의 프로파일에 대해 고찰해본다. '<표-1> 2016 대만 주요 총선 후보자의 프로파일 비교'에 따르면, 주리룬은 1962년생으로 국립 대만 대학에서 상공과를 졸업하고 미국 뉴욕대학에서 재무경영학석사를 했으며 미국 뉴욕대학에서 회계학 박사학위를 취득하였다. 차이잉원은 1956년생으로 국립대만대학에서 법학과를 졸업하고 미국 코넬대학 법학석사를 그리고 영국런던 정치경제대학에서 법학박사 학위를 한 우수한 경력을 가지고 있다. 쏭추위는 대만정치대학 외교학과를 졸업하고 미국 조지타운대학에서 정치학 철학박사학위를 취득하여 세 후보는 모두 미국 등 해외에서 교육학, 법학, 철학의 유학교육을 받은 특색을 가지고 있다. 한 연구에

---

13) 『인터넷 한겨레』, 2000. 5. 29.

14) 『大紀元時報』, 2015. 6. 22.

따르면, 한국에서 역대 장관의 임용에 학력은 필수적인 것으로 연구되었다.15) 대만에서 학력은 당선에 영향을 받고 있는가?

다음은 세 총통 후보의 경력 프로파일을 비교해보자. 후보자의 경력사항은 유권자들에게 후보자를 파악하여 표를 행사하는데 하나의 중요한 자료가 될 수 있다. 주리룬은 입법위원을 거쳐, 2001에는 도원현 현장을 역임하였고, 행정원 부원장을 거쳐, 출마당시에는 신타이베이 시장(한국의 경기도지사에 해당)을 맡고 있었다. 동시에 그는 중국 국민당의 당 주석을 맡고 있었으나 국민당 총통후보였던 홍셔우주 후보의 지지율이 이상적이지 않자, 국민당 안팎의 출마를 종용받고 신 타이베이 시장 직에서 새로운 국민당의 총통후보로 출마하게 된다. 물론 애초에 총통후보의 얘기가 있었지만 그는 신 타이베이 시민들과의 약속(지방 자치단체장으로서의 시민들을 위해 봉사하겠다는) 때문에 불출마를 고수했다.

차이잉원의 경력 중의 또 하나의 특색은 행정원 대륙위원회 주임위원이다. 이 자리는 내각 각료급이며, 무엇보다도 중국 대륙과 관련 있는 업무이다. 그는 2012년 총통 마잉주와 경선했다가 불과 6%로 낙마한 경험이 있었기 때문에 2015년 7-8월, 대만 유권자들 중 지식인들과 시민들의 상당수는 민진당을 선호하였으며 초반의 지지율은 세 사람 중에서 차이잉원 후보가 1위를 달리고 있었다. 쑹추위 후보는 오랜 정치생활을 하였다. 대만정부의 쟝징궈(蔣經國)총통의 비서를 역임하였으며 행정원 신문국 국장을 비롯하여 중국 국민당 중앙상무위원 등 다양한 정치경력을 가지고 있었다. 특히 그는 역대 총통후보로 여러 번 경선에 참여한바 있는데 그러한 경력은 장점으로 꼽히기도 하지만, 그럼에도 불구하고 이번에 또다시 출마한 것을

---

15) 박종민, "한국에서의 장관선택의 기초: 변화와 연속성," 『행정과 정책』, 제2호 (1996), p.47.

두고 친민당의 주가를 올리기 위한 경선출마설, 자신의 입지를 높이기 위한 출마설 등 다양한 평가가 있다.16) 그럼에도 불구하고 그는 링컨, 처칠, 레이건 등 서양 선진국가의 역대 대통령들은 여러 번 실패한 후에 총통당선이 될 수 있었고 본인 자신도 그 불굴의 정신을 받아서 출마하였다17)는 강한 의지의 '출마의 변'을 제시하였고 또한 두 강력한 정당 사이의 어부지리라는 또 다른 변수를 노릴 수도 있었을 것이다.

〈표-1〉 2016 대만 총선 후보자의 경력 프로파일 비교

구분	주리룬(朱立倫) (중국국민당)	차이잉원(蔡英文) (민주진보당)	쑹추위(宋楚瑜) (친민당)
생년 월일	1962년 생 54세	1956년 생 60세	1942년 생 74세
출생지	타이베이 시(臺北)	타이베이 시(臺北)	후난 성 샹탄현 (중국 본토)
학력	· 국립 대만 대학 상공과대졸업 · 미국 뉴욕대학 재무경영학석사 · 미국 뉴욕대학 회계학 박사	· 국립 대만 대학 법학과 졸업 · 미국코넬대학 법학석사 · 영국런던정치경제대학 법학박사	· 대만 정치대학 외교학과 졸업 · 미국 조지타운대학 정치학철학박사
주요 경력	· 行政院陸委會諮委 (1993-1998) · 桃園縣縣長 (2001-2009) · 新北市市長 (2010-現任) · 中國國民黨主席 (2015-現任)	· 1984-2000 타이완 政治 大學법학, 국제경영 및 무역학 교수, 東吳 大學 법학 교수. · 2000-2004 "행정원" 대륙 위원회 주임위원. · 민주진보당 제12회, 13회, 15회 당 주석.	· 대만 행정원 총통부 겸임비서관 · 대만성성장(省長) 역임. · 2000년, 2012년 총통선거 출마
결혼 유무	부인, 아들 1명, 딸 1명	미혼	부인, 딸 1명, 아들 1명
성별	남성	여성	남성

자료출처 : 『大紀元時報』, 2015. 6. 22; 하영애, 『밝은 사회운동과 여성』(범한서적: 2005), pp.332-383.

---

16) http://www.huaxia.com/jjtw/twgk/2003/07/177242.html 华夏经纬网. (검색일: 2015. 8. 13).

17) http://www.huaxia.com/jjtw/twgk/2003/07/177242.html 华夏经纬网. (검색일: 2015. 8. 13).

4. 2016 대만 총통선거에서 세 후보의 정책이슈

　총통후보자의 주요이슈들은 다양한 분야에서 여러 가지로 제시되어 국민들과 특히 유권자들로부터 받아들여지고 그것을 판단기준으로 하여 투표를 행사하기 때문에 유권자에게는 물론 후보자에게도 대단히 중요한 일이며 그 범위 또한 방대하다. 본장에서는 주요후보의 양안정책이슈, 경제정책이슈, 청년실업 정책이슈에 대해 중점적으로 고찰해본다.

〈표-2〉 세 후보의 양안정책이슈 비교표

이슈	주리룬(朱立倫)	차이잉원(蔡英文)	쑹추위(宋楚瑜)
양안 정책 이슈	○ 「九二共識/一中各表」를 견지하고 양안관계는 마땅히 평화발전 현상에 의한 합작과 쌍방이 윈-윈하는 방향으로 가야한다. ○ 중국은 대만이 국제사회에서 충분한 공간을 가지도록 해야 하며, 대만이 국제조직에 가입하는 것을 배갈(杯葛)하지 말아야 한다. ○ 양안지도자의 정상회의를 제도화해야 한다. ○ 양안의 협의 감독조례를 신속히 입법화 하도록 가속화하여 완성해야 한다.	○ 「현상유지(現狀維持)」를 핵심으로 중화민국의 헌법을 준수하고 지난 20년간 양안 관계의 기초하에 양안 평화를 유지. ○ 양안협의 감독조례를 정립하여 민주질서를 준수하며 정책 결정을 투명하게 공개 유지. ○ 九二년 양안 협상회의를 인정하고 당시 양쪽이 인정한 것과 같이 동질성과 차이성을 인정해야함.	○ 「九二共識」, 중화민국 헌법의 구조에서 양안 교류를 전개하고 또한 중화민국 현황을 유지한다. ○ 경제무역 상호간 「合則兩利，兩利則合」하여 무역협의만을 할 것이 아니라 마땅히 양안협의 감독조례를 통과시키고, 최대한 빨리 대만 중소기업을 도움으로서 정치적 충돌부분을 다시 재조정한다.

자료출처: 新新聞 The Journalist No.1506호(2016. 1. 4 – 1. 20), pp.30-31.

　<표-2>를 통해 알 수 있듯이 세 후보 모두 양안정책을 선거의 주요이슈로 내세우고 있다.

먼저 양안정책과 관련 하여 '92공식(九二共識, 1992 Consensus)'에 대해 설명하면, '92공식'은 1992년 리떵휘(李鄧揮)와 장쩌민(江澤民) 집권 시에 협의하였는데, 즉 1992년 10월 28일 대만의 해협교류기금회(海峽交流基金會, 통칭 해기회)와 중국의 해협양안관계협회(海峽兩岸關係協會, 통칭 해협회)가 양안관계 원칙에 대한 논의를 벌였고[18] 이에 합의한 양안관계에 대한 공동의 인식을 말한다. 즉, "하나의 중국 원칙을 견지하되(一個中國), 그 표현은 양안 각자의 편의대로 한다(各自表述)"는 양안관계 원칙이 탄생했는데 이를 '92공식'이라 한다.[19] 그러나 중국과 대만은 각각의 해석과 실천의지가 달랐기 때문에 '하나의 중국'이 과연 중국 본토를 얘기하는지, 아니면 대만을 지칭하는지에 대해 미묘한 논쟁은 계속되고 있다.

주리룬은 「九二共識/一中各表」를 견지하며, 역사적이라고 할 수 있는 국민당의 마잉지우와 중국의 시진핑의 '정상회담을 제도화' 할 것을 주장한다. 또한 양안에 대한 협의와 감독조례를 입법화할 것을 주장하였다. 차이잉원은 양안에 대해 「현상유지(現狀維持)」를 핵심으로 중화민국의 헌법을 준수하고 지난 20년간 양안관계의 기초 하에 양안의 평화 유지를 주장한다. 국민당과 마찬가지로 역시 양안에 대한 감독조례를 주장하고 있다. 그러나 '92공식'에 대한 협정당시의 동질성과 차이성의 인정을 주장하였다. 쑹추위 후보 역시 '92공식'과 중화민국헌법의 구조에서 양안교류를 전개하고 또한 중화민국

---

18) 그 결과 그해 11월 16일 중국 해협회가 대만 해기회에 다음의 제의를 전달했고, 양 단체가 합의했다. 즉, 해협 양안은 모두 '하나의 중국' 원칙을 견지한다는 전제 아래 국가의 통일을 추구한다. 단, 해협 양안의 실무적 협상을 함에 있어서는 '하나의 중국'의 정치적 의미를 건드리지 않는다. 이러한 정신에 따라 양안의 협정서 작성 혹은 기타 협상 업무의 타협책을 찾는다. https://namu.wiki/w/92%EA%B3%B5%EC%8B%9D (검색일: 2016. 6. 10).

19) 본래 위의 8자를 줄인 '일중각표(一中各表) 공식'이라는 용어로 알려져 왔는데, 민진당 출신인 천수이볜의 총통 당선을 앞둔 2000년 당시 대륙위원회 주임인 쑤치(蘇起)가 '92공식'으로 명명해서 오늘날까지 쓰이고 있다.

현황을 유지한다는 타 후보와 비슷한 양안공약을 제시하고 있다. 특히 세 후보 모두 양안에 관한 감독의 조례를 제정하기를 주장하고 있다. 이와 같이 양안정책이슈는 매번 총통선거에서와 마찬 가지로 이번 총통선거에서도 주요이슈로 부각되었다. 이에 관해 다시 논의하겠다.

〈표-3〉 세 후보의 경제정책이슈 비교표

이슈	주리룬(朱立倫)	차이잉원(蔡英文)	쑹추위(宋楚瑜)
경제 정책 이슈	三弓四節 1. 삼궁(三弓) : 1) 과학적 실력을 확충: 인더스트리4.0 기술연구를 강화하고 2) 경제조직에 가입함으로서 대만자유경제무역을 형성해야한다. 3) 법규를 개방: 법규를 통해서 전 세계에 개방하고 전 세계와 연계협력. 2. 사절(四節): 자신만의 브랜드를 만들고 제공 할 수 있게 함으로서 수출품목을 대체하고 차이성 있는 시장을 공략, 신흥국가를 목표로 함. 3. 세수 확대: 대만 1%의 부자들에 한해서 세금을 과징.	5가지 새로운 연구계획. 1. "창업, 취업, 분배"를 중심으로 핵심적 경제발전의 새로운 모형으로 전통적인 대체근무를 넘는 수출입을 중심으로 우수한 취업 자리를 만든다. 2. 「녹색기술과학」을 추진함으로서 「스마트기계」, 「인터넷」, 「생물의학」, 「국방산업」 등으로 전환 3. 국가 인재와 협력하고 기술과 자금 등 「대만 물류연결망 구축」, 「아시아 거점벨트」, 「아시아태평양 생물의학 산업연구 센터」를 추진 4. 중소기업을 지지하여 창업 육성 및 강소기업으로 육성 5. 내수시장 창출	2030년 한국을 추월. 1. 「3년 면세, 3년 50% 감면」 2. 높은 월급받기 운동 제창 3. 최첨단 과학기술과 새로운 기업 창출 4. 금융환경 규제완화로 장기투자 촉진 5. 투자를 확대하고, 최첨단 산업으로 전환, 물류망을 추진하여 다양 한 제조 산업으로 부가 가치를 창출.
	1. 급여인상 조정 ○ 4년 내에 기본급여 3만 위엔으로 조정, 시급 180위엔 높임. ○ 「산학협력업무 센터」를 설립하여 산학제휴 반을 만들고 산업이 요구하는 기술직업 교육을 확대	1. 급여인상 조정 ○ 「최저 공무원법」을 성정하여 근로자의 기본 생활 수준을 근로자에 맞게 함. ○ 청년들에게 유효한 「평생직업 자문」과 「훈용합일(訓用合一)」의 취업방안 제공	1. 급여인상 조정 ○ 정부는 최저급여의 책임을 기업에 전가 불가 ○ 3년 고교/직업분류 기술직 학비면제, 산학협력 강화 ○ 청년 직업훈련과 직업 보도 ・직업체계 배양으로 청년 제2전문가 생활비용 제공.

2. 연금개혁	2. 연금개혁	2. 연금개혁
○ 취임후 1년내 연금개혁 방안 제출, 동시에 준엄, 공평, 신임과 보호의 4대원칙 준수 ○ 「총액제(總額制)」 채택, 많이 내고 많이 가져감.	○ 「연금개혁위원회(年金改革委員會)」에서 구체적인 방안을 구성함으로서 연금국시회의에서 토론하고 모든 협력의 기초 하에 안정적인 개혁을 필요. ○ 직업별 차이를 줄인다. ○ 인구 노령화의 추세에 따라 연금수령 나이를 연장한다. ○ 소득 대체율을 합리화하고 18%의 퇴직금 문제를 포함한다.	○ 군인, 공무원, 교육계인원의 소득 대체율을 제정하고, 특급기금을 설립한다. 연금지출을 해결하는 '정부최종책임제'를 실시한다. ○ 18%의 퇴직금을 정하고 70%의 소득 대체율을 지정한다. ○ 장기적으로 볼 때, 3단계 연금체계를 실시.

자료출처 : 新新聞 The Journalist No.1506호 (2016.1.4 −1.20), pp.30~31.

<표-3> 경제문제에 관해 세 후보의 이슈정책을 비교해보면, 주 후보는 '삼궁사절(三弓四節)'을 강조했는데 과학적 실력을 확충하여 인더스트리4.0 기술연구를 강화하고 경제조직에 가입함으로서 대만자유경제무역을 형성해야 한다는 이슈를 주장한다. 또한 신흥국가를 목표로 차이성 있는 시장을 공략한다는 이슈를 제시하였다. 차이후보는 "창업, 취업, 분배"를 중심으로 핵심적 경제발전의 새로운 모형을 이슈화하여 「녹색기술과학」을 추진하고, 「대만 물류연결망 구축」, 「아시아거점벨트」, 「아시아태평양 생물의학 산업연구 센터」를 추진한다는 정책이슈를 제기하여 주, 쑹 두 후보 보다 유권자들의 관심을 끌 수 있는 점이 두드러짐을 알 수 있다. 쑹 후보는 2030년에 한국을 추월하겠다는 전략을 제시하고 「3년 면세, 3년에 50%감면」의 감세정책과 함께 대만국민들에게 높은 월급받기 운동을 제창하여 유권자의 피부에 직접 와 닿는 경제정책을 피력하고 있음을 알수 있다. 한편, 주 후보는 세수 확대를 제시했는데 그 방안으로는 대만 1%의 부자들에 한해서 세금을 과징하겠다는 정책을 제시하였다.

세 후보가 모두 '급여인상 조정'을 경제정책이슈로 제기함으로서 유권자들의 소득과 직접적인 관건을 이슈화하고 있다. 주 후보는 4년 내에 기본급여 3만 위안으로 조정, 시급 180위안 높인다는 방책을, 차이후보는 「최저 공무원법」을 성정하여 근로자의 기본 생활수준을 공무원 수준으로 한다는 전략을 피력하였다. 쑹 후보는 정부는 최저급여의 책임을 기업에 전가하는 것이 불가함을 제기하였다. 이와 같이 어느 국가나 청년의 취업문제는 중요한 관건이며, 그러므로 총통후보자들은 청년들의 표를 후보자 자신에게 지지 할 수 있도록 하는 청년이슈를 중요시하고 있음을 알 수 있다. 주 후보는 「산학협력업무 센터」를 설립하여 산학제휴 반을 만들고 산업이 요구하는 기술직업 교육을 확대한다는 정책을 제시하고 있다. 차이후보는 청년들에게 유효한 평생직업의 자문과 훈용합일(訓用合一)의 취업방안 제공을 이슈화하고 있음을 볼 수 있다. 쑹 후보는 정부는 최저급여의 책임을 기업에 전가하는 것이 불가함을 주장하였다. 또한 세 후보는 모두 연금개혁이슈를 강조하였다. 이에 대해서 주 후보는 취임 후 1년 내에 연금개혁 방안을 제출한다는 계획과 총액제를 채택하여 많이 내고 많이 가져간다는 취지를 담고 있다. 반면에 차이후보는 '연금 개혁 위원회'를 구성하여 구체적 방안을 모색하고, 안정적인 개혁을 하겠다는 취지아래 국가가 책임을 지되, 국민은 연금을 수령할 수 있도록 하며 인구 노령화에 따라 연금수령 나이를 연장한다는 상세한 내역을 제시하고 있다. 쑹 후보는 연금지출 해결을 위한 '정부 최종 책임제' 실시를 제시하였다. 또한 18%의 퇴직금을 정하고 70%의 소득 대체 율을 지정하며 3단계 연금체계 실시를 제기하였다.

이슈	주리룬(朱立倫)	차이잉원(蔡英文)	쑹추위(宋楚瑜)
청년 노동 정책 이슈	○ 근로자 봉급 향상, 29세 이하 청년실업자 고용 시 기업은 세금감소 ○ 근로자가 '주간 40시간 이상 근무할시'와 '추가 근무시간 상한제'를 원칙적으로 협상 ○ 인재육성 4.0방안 (고 학력자 월수입 4만 위엔을 보장하고 실업자 혹은 저소득 청년은 '인재 價値權(가치권)'을 받는다.	○ 연소득이 감소했을 시 근로자는 매주 휴가 2일, 특별휴가 등을 통해 근로여건을 높인다. ○ 법규수정으로 책임시간제 제축소 ○ 청년과 중 고령자 취업에 대한 '중고령취업 전문법'의 지지. ○ '파견근로자 전문법', '파트타임 근로자 보호' 관련 입법제정. ○ 직장재난 보험 단독입법, 피 보험자 범위확대, 각종 위험분야의 종사자들의 근로자 가입화 ○ 공상회의 비율확대, 공상회법을 수정하여 불합리한 한계점 감소.	○ 기업 분업의 제도화, 정상화, 보급화. ○ 최저 임금의 정식 입법화 ○ 정부파견의 산하기관장 감투 파견제 폐지 ○ 근로자 이사제도의 확립 ○ 규정개정으로 기업의 무임금자의 근로자 실업 보조금 지급 ○ 「휴로(노인휴직)」계획 4년경과 후 최소 15만개의 중 고령자가 일 할 수 있는 기회창조.

자료출처 : 新新聞 The Journalist No.1506호 (2016. 1. 4 ~ 1. 20), pp.30~31.

〈표-4〉 세 후보의 청년·노동관련 이슈 비교표를 보면, 주 후보는 근로자 봉급 향상과 29세 이하 실업자를 고용하는 기업은 세금감면, 근로자가 '주간 40시간 이상 근무할시'와 '추가 근무시간 상한제'를 원칙적으로 협상한다는 이슈를 나타내고 있다. 차이 후보는 연소득이 감소했을 시 근로자는 매주 휴가 2일과 특별휴가 등을 통해 근로여건을 높이는 이슈를 제기하며, 또한 '법규수정으로 책임시간제 축소', 청년과 중 고령자 취업에 대한 '중·고령 취업 전문법'의 지지, '파견근로자 전문법', '파트타임 근로자 보호' 등 관련 입법 제정 등을 제시하였다. 이러한 다양한 분야의 입법제정의 정책이슈는 차이 후보가 변호사인 경륜에서 많이 기인한다고 하겠다. 쑹 후보는 기업

분업의 제도화, 정상화, 보급화. 최저 임금의 정식 입법화 등을 제시하였다. 세 후보 모두 파견근무에 대한 이슈를 제시했는데 주 후보는 파견 근무 시 대우·복지 등 정 직원과 동일하게, 차이후보는 '파견근로자 전문법', '파트타임 근로자 보호' 관련 입법제정을 중점화하였고. 쑹 후보는 정부파견의 산하기관장 감투 파견제 폐지를 제기하였다. 주 후보는 인재육성 4.0방안으로 고 학력자 월수입 4만 위안을 보장하고 실업자 혹은 저소득 청년은 인재로서 가치를 인정받을 수 있는 '인재 가치권(價値權)' 제도 도입을 이슈로 제시하였다. 차이후보는 청년과 중 고령자 취업에 대한 '중 고령 취업 전문법'의 지지를, 쑹 후보는 「휴로(노인휴직)」계획 4년경과 후 최소 15만개의 중 고령자가 일 할 수 있는 기회창조를 제시하였다. 이처럼 세 후보 모두가 청년·노동이슈를 중요하게 다루고 있음을 보여준다.

5. 후보의 이슈전략과 대만유권자의 선택

앞서 살펴보았듯이 이번 대만 총통선거에서 세 후보자들은 양안 정책이슈, 경제정책이슈, 청년·노동정책이슈에 대해 유권자들에게 호소하고 있다. 지면관계와 시간적 제한으로 이들 후보자들의 주요 활동 중에 민진당 차이 후보의 '현상유지' 양안이슈의 선점, 국민당 주 후보의 나약성과 마정권의 경제실책이슈의 비판, 청년 실업이슈와 시대역량 정당의 대두, 차이잉원의 후보의 특성과 잉파(英派)의 저력에 대해 중점적으로 고찰해본다.

1) 민진당 차이 후보의 '현상유지' 양안이슈의 선점

역대 대만의 총통선거에서 양안은 가장 큰 이슈였다. 국민당 리떵 휘 총통의 선거 때는 '북풍'으로, 민진당 천수이볜의 선거 때는 '천 7개항(陳 7個項)'으로 집권당과 야당 모두가 양안이슈를 활용하였으 며, 이는 총통당선에 적지 않는 영향을 끼쳤다. 2012년의 총통선거 에도 마찬가지였다. 지은주 교수는 2012년대만의 총통선거에서 최 대 쟁점은 양안 이슈였다.[20]고 제시하였고, 문흥호 교수 역시 2012 년 총통선거에서 대만인들이 마잉주를 선택한 배경은 양안의 '평 화'(92 공식)와 '공영'(ECFA)을 불가피한 선택으로 인식했기 때문[21] 이라고 피력하였다. 이처럼 대만의 역대 선거에서 양안이슈는 가장 뜨거운 감자였으며 누가 이 양안이슈를 선점하는가에 따라 선거에 서 승리자가 되었다고 할 수 있다.[22] 그러면 2016년 총통선거에서 양안이슈는 어떠한가? 세 후보에 대한 양안이슈를 고찰해보자.

국민당과 초기의 홍 후보의 양안정책은 '일중동표(一中同表)'였다. 즉 양안관계의 현상을 바탕으로 양안헌법에서 각자의 선서주권(宣示 主權)과 헌법정치권의 분립되는 사실을 인정하고 확립한다는 것이다. 양안정책협회는 6월 18일 "홍셔우주, 차이잉원의 여론조사를 통한 최초 대결"을 발표하였고, 여론조사 결과, 민진당 소속 차이잉원 후 보는 50.2%의 지지율로 입법원 부원장 홍셔우주 후보의 29.3%의 지지율을 대폭 앞서고 있다고 밝혔다. 한편 TVBS에서는 여론조사 를 통해 홍셔우주 후보는 41%의 지지율로 차이잉원 후보의 38% 지 지율보다 조금 앞서고 있다고 보도함으로써 각기 다른 결과를 나타

---

20) 지은주 (2012), p.194.

21) 문흥호 (2012), p.137.

22) 이등휘 후보는 '북풍'을 대륙에 비유하여 양안이슈로, 천수이볜 후보는 '전쟁 불사'의 대처방 안으로 양안 이슈를 제기 한 점이 당선에 주효했다. 하영애 (2005), pp.330-333.

내었다. 양안정책협회이사장 퉁쩐원(童振源)은 양안정책을 통해서 본다면 63.1%의 국민은 차이잉원 후보가 주장한 "현황 유지"에 동의하고 있으며 이를 반대하는 입장은 22.4%라고 밝혔다. 반면, 홍셔우주 후보의 '일중동표'에 대한 국민의 동의는 31.2%와 반대하는 입장은 51.7%이며 중간점검차원에서 차이잉원 후보와 홍셔우주 후보의 지지율을 각각 10:4로 나타났다고 밝혔다.

민진당과 차이잉원의 양안정책이슈는 '현상유지(維持現狀)'의 양안관계를 유지하는 것이다. 이는 중화민국일중헌정(中華民國一中憲政)체제와 양안이 20여 년간 상호 교류와 협동한 성과를 바탕으로 하여 2,300만 여명 대만 국민의 자유와 민족 현상을 유지하고, 동시에 지역평화와 안전 및 안정적인 양안관계의 발전을 유지시킨다는 것이다.[23] 그러나 앞서 언급한 것처럼, 제1야당인 민진당의 수십 년 간의 가장 핵심적인 이슈는 '타이뚜'였다. 이번 선거에서 이 '타이뚜'와 양안정책 이슈를 여하히 국민들에게 설득력 있게 어필하느냐 하는 것은 그리 용이하지 않다. 이처럼 차이 후보가 명확하게 나타내지 않는 이 양안정책 이슈에 대해, 민진당 핵심간부이며 대만에서 최초의 여성부총통을 지낸 뤼쉬롄(呂秀蓮)마저도 이 문제에 대해 구체적이며 명확하게 설명해야 한다고 주문하였으며, 학자 및 전문가들은 사실상 중국 본토와의 관계에 대해 국민당과 같은 견해이며 '타이뚜'를 포기하고 '92공식'과 '하나의 중국' 원칙을 지지하며 핵심적인 문제를 회피 하고 있다고 비평하였다.[24] 예컨대, '현상유지', '헌정' 체계를 통한 양안관계를 추진하는 것은 모두 선거구호에 불과하다. "대만독립"

---

23) 『大紀元時報』, 2015. 6. 22 ; 民进党: 力推完成两岸协议监督条例 "立法", 华夏经纬网 2015-04-22 (검색일: 2015. 8. 14).

24) http://www.chinanews.com/hb/2015/06-11/7337270.shtml, http://opinion.uschinapress.com/2015/0709/1028859.shtml

을 포기할 것인지에 대한 문제는 '92공식'과 '하나의 중국' 원칙을 인정하고 지지하는 것이야 말로 차이 후보가 명확하게 답변을 해야 하는 핵심적인 문제이다.[25)]고 강력하게 규탄하였다. 결국 이러한 양안관계에 관해 '양안정책협회'는 "2016 年选举情势及两岸关系发展" 좌담회를 개최한 후 이 문제는 국민당의 홍 후보도 양안관계에 대해 당내의 논쟁을 불러일으키고 있으며, 매 총통선거 때 마다 그러했던 것처럼(주요 후보가 미국을 방문 함) 차이후보자가 미국방문 후에 어느 정도의 긍정적인 확답을 얻어올 때, 내년 초 선거전에 다시 논의해야 한다.[26)]고 결론지었다. 쑹추위 후보는 양안에 대해 "개성무사, 화해대립", "응집공식, 권책상부", "민주주의에 입각하여 상호견제하며, 책임정치"를 제시하고 "양안의 영속적인 발전구축"을 주장하여 대중국관계에 긍정적인 뜻을 내포하고 있음을 알 수 있다.

양안이슈가 이처럼 중요함에도 2016년 선거에서는 왜 국민들에게 크게 이슈화 되지못했을까? 혹은 야당에서 주장하던 양안, 타이뚜 등이 이번 총통선거에서는 어떻게 이슈화해야 하는가? 이는 민주진보당의 차이 총통후보자의 입장에서는 2012년 총통선거에서 너무 극명하게 양안과 타이뚜를 주장했기 때문에, 근사치의 표로 낙선했던 경험이 있기 때문에 양안이슈를 주장은 하되, 가능하면 너무 민감하지 않는 방향으로 전략화 했다고 볼 수 있다. 이에 대해 '<그림1> 양안 이슈에 대한 견해'를 묻는 한 여론조사결과를 살펴보면 대만 국민들의 반응을 볼 수가 있다. 즉 '빠른 통일을 원한다.'가 1.8%(7명), '빠른 대만 독립선포'가 4.1%(16명)으로 나타났다. '현상유지 후 통

---

25) "维持现状"也好, 依 "宪政"体制推动两岸也罢, 都是选举口号而已。是否放弃 "台独"、是否认同 "九二共识"、是否支持 "一中"原则, 才是蔡英文需要明确回答的核心问题). 中国新闻网, 大公报: 蔡英文回避 "九二共识"恐致两岸关系触礁, 2015-08-14 (검색일: 2015. 8. 14).

26) http://opinion.uschinapress.com/2015/0709/1028859.shtml (검색일: 2015. 8. 14).

일'이 11.8%(46명), '현상유지 후 독립'이 15.7%(61명)로 나타났다. 그러나 대만의 다수 유권자들은 '현상유지 후 상황을 보고 독립 혹은 통일'이 42.7%(166명)으로 가장 높게 나타나 이들의 양안에 대한 태도를 반영하고 있다. 또한 '영원히 현상유지'를 원하는 국민도 23.9%(88명)로써 두 번째 순위로 나타났다.

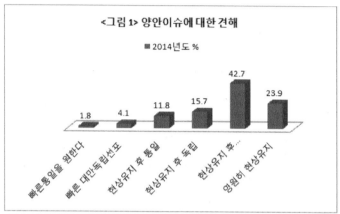

<그림 1> 양안이슈에 대한 견해

■ 2014년도 %

자료출처: http://www.tedsnet.org/teds_plan/list.php?g_isn=82&g_tid=0&g_cid=8

그러므로 선거 이틀 전, 차이잉원은 '원하건대 양안의 평화유지를 위해 최선을 다하겠다(願盡力維持兩岸和平).'[27]고 다시 한 번 강조한다. 차이잉원 후보는 양안문제에 대해 '현상유지(維持現狀)'의 이슈전략을 선점하여 유권자들의 민심을 얻었다고 볼 수 있다.

2) 국민당 주 후보의 나약성과 마정권의 경제실책이슈의 비판

총통선거에서 매스미디어의 역할은 대단히 중요하며 후보자들 역

---

27) 聯合報, 2016년 1월 14일.

시 관심을 가져야한다. 특히 프레임 효과(frame effect)라고 할 수 있는 매스미디어의 영향은 실제적 효과를 극대화 할 수 있는 마력이 있다고 본다. 그러나 후보자의 홍보전단지를 보면, 주 후보는 혼자 꿇어앉아서 기도하는 모습을 담고 있으며 뿐만 아니라 황야에 홀로 있는 듯 보이는 검은 색을 배경으로 하고 있다.[28] 그렇지 않아도 늦게 출마하여 총통후보로서 준비되지 않은 주 후보는 유권자들에게 나약한 모습으로 각인되었다. 게다가 국민당 정권의 비판은 고스란히 주 후보에게로 반사되었다. 정권이 바뀔 때 마다 야당은 집권여당의 정책을 비판하고 이러한 강도가 높을수록 정권교체의 가능성은 더욱 높기 때문에 전임정권의 실책에 대한 비판은 선거에서 커다란 이슈가 된다. 특히 2016년 대만총통선거에서 마잉주정권의 경제 실책이슈는 선거기간 민진당의 계속적인 핫이슈로 등장하였다. 이에 대한 유권자들의 반응을 살펴보자. <그림 2> '국가경제발전 이슈에 대한 만족도'에 따르면, 2014년도와 2015년도에 응답인원 475명과

<그림 2> 국가경제발전 이슈에 대한 만족도

━◆━ 2014년도 % ━■━ 2015년도 %

매우만족   만족   불만족   매우불만족

자료출처: http://www.tedsnet.org/teds_plan/list.php?g_isn=85&g_tid=0&g_cid=2
http://www.tedsnet.org/teds_plan/list.php?g_isn=103&g_tid=0&g_cid=2

28) 주리룬 후보 홍보 전단지 참조.

1,076명으로 설문조사에서 '매우 만족'이 각 각3.4%(16명), 3.9%(42명)으로 나타났다. '만족'이 14.3%(68명) 와16.9%(182명)를 보였고 17.7%-20.8%는 만족 혹은 매우 만족을 나타내고 있다. 그러나 '불만족'이 각각 31.8%(151명), 31.7%(341명)로서 2년 연속 불만족이 높게 나타나고 있으며, '매우 불만족'은 각각 50.5%(240명), 47.5%(511명)로서 약 80%가 불만족스럽다는 결과를 나타내고 있음을 볼 수 있다.

마잉지우 정부는 8년 동안 교류협력의 강화를 지속하면서 경제부문에 많은 성과를 내기도 했다. 실제로 2008년 4억 달러 정도의 대만 농산물이 중국으로 수출된 이후 매년 증가하면서 2015년에는 10억 달러를 초과하였고, 대만 농산물을 가장 많이 수입하는 국가가 되었다. 또한 2008년 시작한 중국 관광객의 대만 관광도 2015년에는 4백만 명을 넘어서고 전체 외국인 관광객 가운데 절반에 가까운 비율을 차지하였다.[29]

그러나 마잉지우 국민당 정부의 집권 8년 동안 경제교류를 통한 이익은 대부분 소수의 대기업으로 편중되고, 일반 민중들은 저임금과 고 실업률, 부동산가격 폭등에 시달리면서 대만민중의 불만이 커져갔다. 즉 중국과의 경제관계는 더 이상 대만의 유권자들에게 이익을 가져다주는 것으로 인식하지 않았다.[30] 뿐만 아니라 어느 여사장은 최근에 중국에 있는 공장을 철수할 것인지, 아예 그대로 방치할 것인지를 두고 고민 중이라며 마 총통을 극도로 혹평하였다.[31]

또 다른 자료에서 알 수 있듯이, '우리사회가 부익부, 빈익빈으로

---

29) 馬觀光"開放不鎖國" 觀光客破千萬有目共睹, 網路酸辣湯, 2016. 1. 25.
   https://www.youtube.com/watch?v=W-SNm8uF2wA (검색일: 2016. 3. 26).

30) 徐和謙, 這一次, 國民黨恐怕真要掉下歷史的舞臺了, 2016. 1. 25.
   http://xuheqian.blog.caixin.com/archives/141810 (검색일: 2016. 3. 28).

31) 2016. 1. 18. 12시-2시. 대만 여성경제인들과의 간담회에서.

되어 가고 있는 데에 동의합니까?'(그림3 참조) 라는 설문조사결과를 보면, '매우 그렇지 않다'라는 답변이 각 각 4.3%, 4.0%로 나타났으며, '그렇지 않다'에 대한 답변은 각각 4.9%와 4.2%로 0.7%의 극소의 차이를 나타내고 있다. 반면에, '약간 그렇다'는 15.9%에서 2015년에는 두 배에 가까운 31.7%가 답변한 것으로 나타났으며, '매우 그렇다'는 74.9%에서 14%가 감소한 60.1%를 보이고 있으나 전반적으로 볼 때 대만국민들이 느끼는 빈부현상은 나날이 빈익빈, 부익부 현상이 증가한다고 느끼는 것을 알 수 있다. 뿐만 아니라 2014년에도 '부익부, 빈익빈'에 대한 동일한 현상의 조사결과[32]가 발표됨으로서, 2013년부터 2015년까지 대만국민은 경제사회면에서 어려움을 겪고 있음을 보여준다. 한편, 국립 대만대학교의 황창링(黃長玲) 교수는 마정부의 경제정책은 한국과 마찬가지로 국제사회에서는 실제적으로 크게 낮은 것은 아니나, 국민들의 체감온도는 실제보다 훨씬 크게 나타나고 이러한 의식은 국민당의 득표에 고스란히 반영되

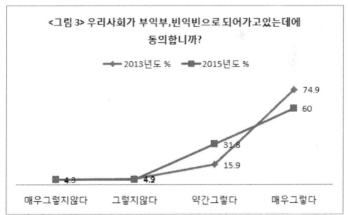

<그림 3> 우리사회가 부익부,빈익빈으로 되어가고있는데에 동의합니까?

━◆━ 2013년도 %   ━■━ 2015년도 %

74.9
60
31.8
15.9
4.3   4.9

매우그렇지않다   그렇지않다   약간그렇다   매우그렇다

자료출처: http://www.tedsnet.org/teds_plan/list.php?g_isn=74&g_tid=0&g_cid=6
http://www.tedsnet.org/teds_plan/list.php?g_isn=104&g_tid=0&g_cid=5

---

32) The Implications 2016 Elections for Taiwan's Political and Economic Development (2016 選擧後對我 國政經發展之意涵), Shiow-Duan Hawang, 2016. 1. 17.

어 큰 차이로 민진당이 승리하는 결과로 이어졌다[33]고 피력하였다.

3) 청년 실업이슈와 시대역량 정당의 대두

한국선거와 마찬가지로 이번 대만 총통선거에서 청년의 실업문제
는 커다란 이슈중의 하나라고 할 수 있다. 2014년 3월 급기야 대만
젊은이들은 일자리가 줄어든다며 입법부 청사를 점거하는 시위운동
을 벌였다. 이 '해바라기 운동(sunflower movement)'[34]은 2014년 마
잉지우 총통이 서비스 산업분야 시장개방 확대를 골자로 하는 중국
과의 서비스무역협정을 비준하려 하자 이에 반대하며 벌어진 운동
으로 당시 대만 학생운동단체 소속 대학생과 활동가 등 200여 명은
입법원을 기습 점거 농성했고 거리 곳곳에서 마 총통의 퇴진을 요구
하는 시위가 일어났다. 대만에서 입법원이 시민에게 점거된 것은 정
부 수립 이후 처음 있는 일이었다. 이들은 황창꿔(黃昌國)등을 중심으
로 '시대역량(時代力量)'이란 정당을 발족했고 대만독립, 민족통일을
주창하며 급진주의 성향으로 민진당과 차이잉원 후보와 상호 협력하
는 관계로 발전하였다. 마침내 이들은 2016년 1월 16일 총통선거와
동시에 실시된 대만의 입법위원 선거에서 총 113석의 입법위원 의석
중에 (표-5)에서 보듯이 비례대표 2석을 합쳐 5석을 획득함으로써 세
인을 놀라게 하며 제3야당으로 부상하였다. 왜냐하면 수차례 총통후
보로 출마하였고 노련한 정치력과 정당의 경력을 가지고 있는 쏭추
위 후보와 친민당을 누르고 새로운 정당으로 우뚝 섰기 때문이다. 이
'시대역량 정당'은 청년실업을 비판하고 국민당 총통의 하야를 주장

---

33) 대만대학교 황창링 교수와의 인터뷰, 2016. 1. 19. 15시-16시. 대만대학교 황창링 교수연구실.
34) 해바라기 운동이라는 이름은 시위대와 운동가들이 해바라기 장식을 가슴에 달고 시위를 벌이
면서 붙여졌다.

하며 젊은이들의 힘을 규합하여 청년정책이슈를 전개한 '해바라기 운동'의 힘을 통해 탄생하였다. 이로써 대만은 젊은 세력의 정당과 함께 다당제 정치를 실험 해 볼 수 있는 기회를 갖게 되었다.

〈표-5〉 2016대만의 입법위원 선거와 제3정당의 부상

( )는 비례의석(不分區)

정당 및 년도	국민당	민진당	시대역량당	친민당	대련	무소속
2008	81	27	-			4
2012	64(16)	40(13)	-	3(2)	(3)	3
2016	35(11) 30.97%	68(18) 60.18%	5(2) 4.42%	(3) 2.65%	0	2

자료출처: http://www.cna.com.tw/news/firstnews/201601165045-1.aspx

이번 총통선거에 대해 대만 <자유시보>의 보도에 의하면, 투표행위에 대한 교차분석 결과 20대 가운데 54.2%는 차이잉원에게 투표하고, 주리룬은 6.4%로 오히려 쑹 추위에 투표한 10.4% 보다 낮게 나타났다. 이처럼 청년정책이슈에 부응한 대만의 젊은 유권자의 투표율은 전체 투표율보다 8% 이상 높은 74.5%[35]을 기록하여, 국민당 선거패배의 주요 원인이 되었다.

4) 차이잉원의 후보의 특성과 잉파(英派)의 저력

앞서 살펴보았듯이 후보의 특성이론은 후보의 경륜, 지식, 지도력 등 후보의 능력에 관한 사항이나 이념적 성향, 후보의 인성 등의 특성은 실제적인 정책수행이나 방향설정에 밀접한 관련이 있기 때문에 어떤 유권자들은 정책이슈보다 후보의 특성을 더욱 중요시 한다.

---

35) 台灣智庫: 年輕人投票率74.5% 補刀終結國民黨, 2016. 1. 21.
   http://news.ltn.com.tw/news/politics/breakingnews/1579950 (검색일: 2016. 1. 28).

차이잉원 후보의 특성은 "온화하며 대만어(臺灣語)가 아닌 국어(國語, 보통화)로 말한다. 그는 매우 차분하며 이성적이고 반대정당인 국민 당원까지도 강력하게 배척하지 않아서 많은 유권자들에게 반감이 없다."[36] 차이 후보는 2012년 총통선거에서 낙선한 후 남루한 시골 생활을 하였다. 그는 무엇보다도 20년 이후 대만은 어떠한 모습일까? 내 자신은 민주교육을 받은 이성적인 사람인데 태어났으면 국가를 위해 어떠한 역할이라도 해야 하지 않는가? 고심하면서 소영 기금회(小英 基金會)를 발족하였고 이것이 잉파(英派)를 태동하게 만들었다. 즉, 2015년 기륭시(基隆市) 후원회에서 그가 "국가의 운명을 바꿀 사람들의 강렬하고 힘 있는 명칭이 필요했고 우리 모두가 잉파(英派)다."[37]라고 한데서 이 명칭이 유래하게 되었다. 그해 10월『英派』는 책으로 출판되었으며 1개월 후에는 제8판을 인쇄하여 유권자들의 이목을 집중시켰고 잉파 세력은 세 후보 중에서 압도적인 제1순위의 인기를 지속적으로 유지하는데 유효했다고 하겠다. 예컨대, 그녀는 각계각층의 많은 유권자들로부터 신뢰를 받았으며, 이를 반영하듯 '채홍지기(彩虹之卡)' 펀드 레이징 전략은 카드를 발행한지 불과 15분 만에 1만 8,000장이 매진되는 기록은 가져왔다. 특히 그녀의 화장기 없는 모습, 단발머리와 수수한 옷차림[38]은 유권자들이 좋아하는 '대만 본성인' 그 자체다. 국립대만대학에서 법률학을 공부하고 다시 미국과 영국에서 법률학으로 석·박사를 한 차이잉원은 겸손했고 누구와도 친화력을 가졌다. 이러한 그에 대해 젊은이들

---

36) 대만대학교 황창링 교수와의 인터뷰, 2016. 1. 19. 15시-16시. 대만대학교 황창링 교수연구실
37) 蔡英文,『英派』(臺北: 圓神出版社有限公司, 2015), pp.4-5.
38) 차이 총통은 금년 5월20일 '총통 취임식'에서도 평소처럼 검은 바지에 흰색 상의 정장을 입었다. 필자는 취임식에 참석하였으며, 차이 총통의 외교 분과위원회 위원을 맡고 있는 대만 담강대학의 린루어위(林若雩)교수는 차이 총통이 위원들과의 회의에서도 격의 없이 진행하고 잘 어울린다고 덧붙였다.

노인들 지식인들은 물론 정부의 한 말단 직원까지도 지지했을 뿐 아니라 꿈과 희망의 환호[39]를 지르게 했다. 이처럼 차이잉원의 당선에는 그가 가진 다양한 후보특성도 한 몫 했다.

6. 결론

2016년 1월 16일 실시된 대만 총통선거의 투표결과에 따르면, 국민당의 주리룬 후보는 총 381만 표로서 31.04%를 획득하였고, 민진당의 차이 잉원 후보는 총 689만 표이며 56.12%를 차지하였다. 또한 쑹 후보는 총 158만 표를 획득하였고 득표율은 12.84%였다.[40] 따라서 제14차 대만총통선거에서는 차잉원이 309만 표의 큰 차이로 압승했음을 알 수 있으며, 한국에 이어 대만에서 또 한명의 여성 최고통수권자가 배출되어 여성시대를 맞고 있다. 본 논문은 대만총통선거에서 이슈정책에 대해 고찰하였다. 이번 대만의 총통선거는 다음과 같은 특징을 가지고 있다.

먼저 양당제 정치의 궤도화 및 청년이슈를 통한 다당제 정치의 부각이다. 대만은 51년간 국민당 독당체재를 유지했다. 그러나 2000년 총통선거를 통해 최초로 민진당의 천슈이벤 정부가 집권하였고, 2008년 총통선거에서는 국민당의 마잉지우 정부가 집권함으로써 또 한번 정당교체가 이루어졌다. 8년이 지난 후 2016년 총통선거에서는 민진당의 차이잉원이 당선함으로써 또 다시 정당교체를 통한 새

---

39) 총통선거 이튿날인 1월 17일 아침, 외교부의 한 직원은 "오늘 아침의 이 비는 승리를 축하하는 대만 민중의 기쁨의 눈물이다."고 환호했다. 당시 선거시찰을 위해 대만을 방문했던 필자로 하여금 감회가 깊었다.

40) 中國時報, 2016. 1. 17.

정부가 집권하게 된 것이다. 즉, 국민당과 민진당이 8년간씩 집권한 후에 정당교체를 하면서 대만사회에서 정당정치가 차츰 궤도에 오르고 있음이 2016년 총통선거의 가장 큰 특징으로 꼽을 수 있다. 한편 대만의 입법부(立法部: 한국의 국회)는 국민당과 민진당의 양당체재가 주류를 이루어 왔는데 이번선거에서 새로운 정당 '시대역량'이 전체 입법위원 113의석 중 5석을 차지하여, 쑹추위의 친민당을 누르고 제 3정당으로 부상하였다. 이로써 대만은 2016년 입법위원 선거 결과 다당제 정치의 발아기에 접어들었다고 평가할 수 있다. 특히 시대역량 정당의 대표 황창꿔는 집권당 민진당 보다 더욱 좌파성향이며 타이완 독립과 반 중국 성향으로 대만 젊은이들의 압도적인 지지와 정치참여로 부상함으로써 대만의 다당제 정치에 새로운 역사가 시작되었다고 하겠다.

두 번째는 최초 여성총통 당선으로 Gender Shift와 민진당 입법위원의 기반확장을 특징으로 꼽을 수 있다. 대만은 이번 선거에서 최초의 여성총통 차이잉원을 탄생시킴으로서 남성중심에서 여성정치시대로 Gender Shift를 가져왔다. 뿐만 아니라, 차이 총통이 집권하면서 탄력 있는 국정운영을 할 수 있도록 입법위원에서도 민진당이 압도적으로 우승하였다. 즉, 제9대 입법위원 선거에서 전체 113석 중 68석을 민진당이 획득하여 35석을 획득한 국민당을 누르고 다수당이 되었다.[41] 이는 통치권자와 입법원이 다양한 의견을 조율할 수 있다는 점에서 국가정책의 운영에 있어서 커다란 장점이 될 수 있다.

특히 이번 총통선거에서는 '현상유지 양안정책이슈의 선점'과 경제정책이슈가 우선관건이었다. 양안정책 이슈는 대만의 역대 총통선

---

41) 華智豪, "國會首次政黨輪替 藍綠版圖大翻轉 王金平時代結束", 2016. 1. 17.
http://www.storm.mg/article/78827 (검색일: 2016. 2. 25).

44 대만을 생각한다: 대만의 여성과 문화 그리고 정책

거에서 가장 뜨거운 감자였으며 핫이슈였다. 2016년 총통선거에서 차이잉원은 시종 일관 '현상유지'라는 양안이슈전략을 견지(堅持) 하였으며, 이 '현상유지 양안정책이슈'의 선호는 대만 국민들 역시 66.6%의 높은 비율로 나타났는데[42], 차이 후보는 유권자들의 심성 (心聲)과 염원을 파악하여 핫이슈인 '현상유지의 양안정책이슈'를 선점함으로써 승리에 다가갈 수 있었다. 이는 다시 말하면, 리덩휘 총통 때나 천수이벤 총통 때는 양안정책을 직접적으로 이슈화하여 총통선거에서 유권자의 표와 직결시킴으로서 두 총통이 당선되는 관건이었다. 하지만 2016년 총통선거에서는 달랐다. 차이 후보의 약간은 모호하면서도 명확하게 표현하지 않은 '현상유지 양안정책'의 이슈전략은 대만 선거결과의 향배를 다루는 'TEDS'[43]의 연구와 유권자의 민심에 부응하면서 "현상유지의 양안정책이슈"를 선점하였기에 당선의 좋은 결과를 이끌 수 있었다. 다른 한편 이번 선거에서는 마잉지우 정부 비판과 더불어 경제정책이슈가 양안정책이슈 보다 우선순위였다고 할 수 있겠다.

본 연구의 결과, 대만총통선거는 양안정책이슈, 경제정책이슈, 청년·노동정책이슈가 중요한 정책이슈로 제기되었으며, 특히 차이잉원 후보는 '현상유지의 양안정책이슈'를 선점하여 대만 최초의 여성총통에 당선될 수 있었다고 하겠다.

(세계지역연구논총 제34집 2호, 2016 게재)

---

42) 여론조사에서 '현상유지 및 상황을 보고 독립 혹은 통일'의견이 42.7%였으며, 특히 '영원한 현상유지'도 23.9%를 나타내어 66.6%이었다.

43) 그림 1, 그림 2, 그림 3 참조.

2장

대만 국회의원 선거제도의 개혁:
국회의석수 50% 감축(225명→113명)

1. 서론

1) 연구의 목적

대만은 1992년 국회의원에 관한 전면 개정 후에 2005년에 이르러 의정 및 선거제도에 있어서 괄목할만한 변화를 가져오게 되었다. 특히 대만의 국회의원 전체 숫자는 불과 2004년까지만 해도 의원총수가 225명이었다. 그러나 2008년 제7대 선거에서는 113명으로 2분의 1로 줄어들었다. 한 국가에서 국회의원수를 감축하는 것은 결코 쉬운 일이 아니다. 선거구역을 합병하는 것만도 의원들의 사활이 걸린 문제이기 때문에 섣불리 개혁을 할 수가 없는데 대만은 국회의원수를 10명도 아닌 113명을 한 번에 줄인 대개혁을 감행하였다. 이것이 어떻게 가능했는가? 그렇다면, 절반의 국회의원들이 의정활동을 하였는데 그럼 그 이전의 200여명의 의원들의 활동과 비교했을 때 커다란 공백이나 문제점은 없는가? 대만은 50여 년 동안 국민당 1당 체제에서 정치를 해오다가 한국의 야당이 대통령에 당선되자 직간접의 영향으로 민주진보당의 천수이벤(陳水扁)이 대통령에 당선되는 변화를 가져왔다. 그 만큼 양국 간에는 어떤 제도나 정치풍토에 의해 커다란 변혁을 가져오기도 하였다. 양호한 제도란 타 국가에서도 받아들일 수 있기 때문에 가까운 이웃 국가의 제도개혁을 고찰해보는 것은 타산지석의 효과를 위해서도 대단히 필요하다고 하겠다.

따라서 이 글의 목적은대만의 국회의원이 225명에서 113명으로 절반 감축된 선거제도의 과정과 배경을 고찰하고자 한다.

2. 이론적 논의: 의회의 변화, 개혁과 변신

모든 의회들은 정도의 차이는 있으나 부단히 개혁을 추진하고 있다. 즉 변화는 의원-의회-환경간의 상호작용의 체계적 혁신을 추구하기 위해서이다. 1970년대 미국의회의 개혁은 모든 정치과정이 민주화 될수록 의회의 권력이 분산되는 결과를 가져왔다. 제도적으로 오랜 연공서열제도인 원로제도(Seniority System)를 완화시키고 초선의원과 평의원의 원내 활동이 더욱 자유로워지고 평등해지는 효과가 있었다.[44] 의회개혁의 목적은 의회가 국민에게 보다 많은 '책임이 되고(responsible)' 보다 많은 '책임을 지는(accountable)' 대국민서비스를 제공하는데 있을 것이다. 미국의회는 1993년 다양한 개혁이 제기되었지만 의원의 정치생명과 관련된 분야는 하나도 개혁되지 못했다. 예컨대, 위원회제도의 개선책도 기존위원회소속의원들의 지역구선거기반에 위협이 되면 모든 위원회 개혁안이 중단되고 만다는 사실이다.[45] 무엇보다도 의회의원의 개혁이나 변화는 다른 어떤

---

44) 김유남, 『의회정치제도론』, (서울: 명인문화사, 2010), p.485.

개혁에 비해 가장 보수적인 변화란 평을 받는다. 보수적인 까닭은 개혁의 주체와 객체가 동일하다. 즉 개혁의 주체가 바로 개혁의 대상이기 때문이다. 개혁의 주체는 스스로 자살행위를 하지 않는다는 사실이다. 그러므로 개혁은 기존구조와 체제를 유지하는 가운데 '증축'이나 '리모델링' 수준을 벗어나지 못하고 반복하는 형태가 되었다.[46] 그러나 대만은 달랐다. 현역국회의원을 10명, 30명, 50명도 아닌 113명이란 절반의 수를 감축하는 대대적인 개혁을 이루어낸 것이다. 의회는 발전과 변신을 한다. 변신이란 단순한 변화(change)가 아니라 량과 질은 물론 용도의 전환까지를 포함하는 개조 즉 reformation 혹은 transformation 이라고 한다. 총을 들고 폭력으로 하는 '혁명'이 아니라 선거를 통한 혁명이라고 해서 이러한 변신을 '벨벳 혁명(velvet revolution)' 또는 '오렌지혁명(orange revolution)'이라고도 한다. 그러므로 정치사회적 인프라와 정치문화가 다르며 시대적 배경을 달리하는 의회들이 '조직의 변화'를 경험 하게 된다. 이러한 조직의 변화 즉 의회의 변화-개혁은 다음과 같은 4가지의 사항을 고려해야한다.

첫째, 독립성과 효율성.

의회의 개혁은 입법부의 독립성과 입법부의 효율성을 목적으로 하는 변화를 말한다. 입법부의 독립성이란 의회라는 기구가 행정부 등 외부의 영향을 받지 않고 독자적인 의사결정을 하는 능력을 의미한다. 특히 대통령의 간섭이나 압력 없이 자주적 의사결정을 하는 의회를 말한다. 다른 한편 의회의 효율성이란 정치, 경제, 사회, 외교

---

45) 김유남, p.486.

46) 김유남, pp.485-486.

등 주변 구조와 환경의 변화가 초래하는 문제를 제대로 파악하고 이에 대처하는 능력을 의미한다. (사회변화에 대처하는 의회의 문제해결능력을 뜻한다) 효율성의 제고와 관련하여 공통적으로 제기되는 이슈중의 중요한 하나가 바로 '제도와 규정의 문제'이다.[47]

둘째, 조정의 문제.

다양한 의견과 이의를 조정하는 문제는 의회개혁의 주제가 된다. 의회의 본질은 진정성(tranquillity)에 있지 않고 통일성을 산출하는 목적도 아니며, 다만 시끄러운 다양성을 조정(coordination)하는데 있다. 의원의 역할은 여러 계층이 선호하는 것을 얻어내기 위한 방법을 찾는 일이다. 어떤 경우에도 객관적인 선(善)은 존재하지 않으며 때문에 의원이 찾는 해결점은 다수가 수용하는 형평성(equilibrium)에 있다 해도 과언이 아니다. 따라서 형평성에 이르는 노력은 '조정의 문제'로 귀결된다. 예컨대, 수많은 의원발의법률과 정부제출 법률안 가운데 심의의 우선권, 의장의 권한과 위원장의 영향력이 작용하는 정당간의 조정권 등이 이에 속한다.

셋째, 집단적 선택의 문제.

의회개혁에는 '집단적 선택(collective choice)'의 문제도 있다. 정치학에서 집단적 선택의 개념은 널리 활용되는 접근방법이다. 구성원개개인의 이해관계가 다르고 일관성이 없으며 선택의 폭이 넓으면 넓을수록 선택결과에 대한 예상이 불확실하여 집단적 선택의 문제가 야기된다. 그러나 공통점은 개인이나 국회의원이나 정부를 막론하고 선택의 기준은 자기에게 유리하다고 판단되는 '합리주의적

---

47) 김유남, p.488.

선택(rational choice)'48)에 있다는 것이다. 의회에서 의사결정의 선택기준도 의원자신이 판단하는 합리주의적 선택이 되고 있다. 투표로 가부를 결정 하는 일, 기타 어떤 형태의 의사결정에 있어서 의원은 일반다수의 객관적 의사에 반하는 입장을 취할 수 있다. 예컨대, 의원은 '포크배럴 입법(pork-barrel legislation)'을 삼가지 않는다.49)

3. 대만 국회의원 감축의 제도개혁의 과정

하나의 특정제도는 여론의 동향, 민심, 사회적 분위기에 의해서 형성되어 진다. 대만은 1992년 국회의원의 전면 개정 후에 2005년에 이르러 의정 및 선거제도에 있어서 괄목할만한 변화를 가져오게 되었다. 특히 대만의 국회의원 전체 숫자는 불과 2004년 까지만 해도 의원총수가 225명이었다. 그러나 2008년 제7대 선거에서는 113명으로 2분의 1로 줄어들었다. 이 국회의원 수 감축에 대해서는 한국의 대통령 선거 때에도 핫이슈 중의 하나였는데 박근혜, 문재인, 안철수 세 후보 중 문재인과 안철수 후보가 강력하게 의원수를 줄이자고 제안하였다. 즉 문재인 후보는 공약 중에서 지역구의석을 200석으로 줄이는 대신 비례대표를 100석으로 늘리자는 공약을 내걸었고, 심지어 안철수 후보는 현재 국회의원수를 300석에서 200석으로 100석을 줄여야 하며 200석은 다시 지역구 100석과 비례대표 100

---

48) http://www.gmu.edu/public (검색일: 2015. 1. 28).; James M, Buchanan. "Public Choice; The Origin and Development of a Research Program", a Monograph, Center for Public Choice, George Mason University, 2003).

49) 포크배럴 입법은 의원의 선거구와 재선에 유리하거나 또는 여당의 선거전략에 이익이 되는 프로젝트를 국고지출로 추진하도록 하는 법률제정을 말한다. 공익성 차원에서 보면, 국고낭비이며 민주주의적 공공선택에 역행하는 일이다.

석으로 구성방안을 내놓았다.[50] 이에 대해 새누리당 이정현 의원은 "아마추어 발상"이라며 일축하면서도 "국회의원 수를 줄이는 것은 능사가 될 수 없고 결과적으로 농촌지역이 많은 호남의원수가 가장 줄 것"[51]이라고 반대의사를 분명히 했다. 이처럼 국회의원 수 감축은 현역의원들의 반대와 반발이 가장 거셀 수 있는 대단히 어려운 문제이다.

그럼에도 불구하고 이처럼 민감하고 어려운 국회의원 수 절반감소가 대만에서는 짧은 기간에 모든 사람이 예상하지 못했던 이 일이 현실로 이루어졌다. 정권을 교체한 야당의 천수이볜 정부가 집권을 시작한지 2년 째 되는 2001년에 선거를 앞두고 여러 가지 정치 개혁이 대두되었다. 기존의 대선거구를 소선거구제도로 바꾸자는 선거구 제도개혁, '불분구 입법의원의 2분의 1 부녀보장제도'에 관한 것, 이외에 또 다른 하나는 국회의원 수를 감소하자는 선거제도의 개혁이었다. 원래시작은 정치에 뜻을 둔 후보 몇 사람과 정당이 2001년 말에 제5대 입법위원 선거과정 중 처음으로 '국회의원의석수 절반감소(立委席次減半)'란 제의가 있었다. 그러나 이는 학계에서도 아직까지 한번도 다룬 적이 없는 의제[52]였으나 각계의 뜨거운 반응으로 각 정당과 사회단체 및 선거 후원회 등에서도 선거제도에 대한 검토를 종용하고 압력을 가함으로 국회에서도 결국 이를 검토하게 되었다. 그 후 소수정당인 대만단결연맹(臺灣團結聯盟, 약칭 대연당)이 제 5대 입법위원 제1회 회기 시에 연대 서명하여 정식으로 '국회의원의석수

---

50) 대한인권변호사협회 문재인후보와 안철수후보의 공약비교, http://daum.net/lawyersclub/FRuf
   (검색일: 2013. 1. 21).

51) 대한인권변호사협회 문재인후보와 안철수후보의 공약비교, http://daum.net/lawyersclub/FRuf
   (검색일: 2013. 1. 21).

52) 王業立, 『比較選擧制度』, (臺北: 五南圖書出版, 2012). p.110.

절반감소(立委席次減半)'의 헌법수정안을 제출하였다. 이 안은 "국회의원이 숫자만 많아서 국민의 혈세를 낭비하고 있다", "그들이 하는 역할이 무엇이냐? 그럴 바에야 이번에 국회의원수를 절반으로 줄여서 혈세를 줄이자" 라는 일반 국민들의 작은 목소리에서 출발했다[53]고 한다. 어느 나라나 마찬가지로 정치인들은 선거 시에 국민의 표를 의식하고 인기에 영합하기 위해서 다양한 공약을 내건다. 대만에서도 이 '국회의석 감소의 안'의 동기는 이렇게 시작되었다. 이 '국회의석 감소의 안'은 차츰 입에서 입으로 전파되었고 설마 이렇게 중요한 정치안건이 실현 될 것인가? 하는 의구심과 실현가능성이 극히 희박했기 때문에 오히려 여론은 더욱 활기를 띠었으며 심지어 거대 정당인 국민당과 민진당 의원이나 정당에서 조차 (이 정치개혁은)현역의원들의 기득권에 직접 관계되는 일이고 근본적으로 불가능한 일[54]이었기에 내색은 하지 않았지만, 겉으로는 동의하는 상황에 까지 이르렀다.[55] 그러나 국회의 헌법수정위원회에서도 침묵하면서 시간은 지나고 대통령 선거일은 얼마 남지 않게 되자 이 '국회의석 감소의 안'과 '전국 불분구 입법의원1/2정당공천제도' 등 개혁안도 흐지부지하게 되었다.

그러다가 2004년 대통령선거 전날 밤에 대만의 민주화에 많은 공헌을 하였고 5대 입법의원으로서 임기만료를 앞둔 린의슝(林義雄) 의원이 이 문제에 관심을 가지고 사회단체를 모아 운동을 시작했다. 왜냐하면 린의슝은 까오슝(高雄) 사건의 중요한 인물로 민진당과 많은 국민의 신뢰를 받고 있는 인물이었기 때문에 국민들은 그를 신임하고 주목하기 시작했다. 많은 시민들과 각계의 열정적 활동으로

---

53) 黃長玲교수와의 인터뷰에서 2013. 1. 8. 10시-12시 대만대학 연구실 방문.
54) 王業立, 『比較選擧制度』 p.110.
55) 황장령(黃長玲) 교수와의 인터뷰에서.

2004년 3월 20일 대통령 선거 이전에 헌법수정안을 통과할 예정이었으나 3월 19일까지도 결론을 얻지 못했다. 그러나 각계의 여론과 압력으로 인해 입법원은 2004년 8월에 임시회의를 개최하였다. 당시 언론은 이 '국회의원 절반감소 개혁안'이 통과할 수 있을지 의문이라고 보도하였다.56) 그러나 8월 22일 린의슝은 강력히 성실한 믿음으로 입법위원들은 국가를 건립해야 하며, 입법위원의 절반 감축을 주장하였다. 즉 '誠信立國, 立委減半'를 주장하며 국회에 정좌(定座)하며 투쟁을 시작하였다.57) 대만의 국회의원 의석수 감소에 대해서 정치인 린이슝은 강력한 주장을 하였다. 그는 서구국가 미국의 의원은 인구60만 명에 대해 의원이 1인인 반면 대만은 12만 명에 의원1명 비율임으로 지나치게 의원이 많고, 또한 의원들이 많기 때문에 작은 일에 시간을 낭비하여 정부정책을 감시하는 국회의 효율성을 떨어뜨리기 때문에 의석을 113명으로 감축해야한다(지은주, p.116)는 것이었다. 이에 원래 찬성하지 않던 친민당(親民黨)의 쑹추위(宋楚瑜)주석이 동조하고 최후에 국민당과 친민당 양당의 동의하에 3독(三讀)을 통과하였다. 결국 불가능했던 '국회의원의석수 절반감소'와 '전국 불분구 입법의원1/2정당공천제도'의 정치개혁은 8월 23일 198대 0표로 통과되었다.58)

하나의 특별한 제도는 여론과 당시의 정치풍토에 영향을 받게 된다. 대만국회의 국회의원숫자가 225명에서 113명의 절반으로 줄어든 것은 이처럼 각계와 국민의 열망에 의해서 이루어진 제도의 개혁이라고 하겠다.

---

56) 臺聯黨의 반대, 그리고 민진당 내에서도 林獨水, 沈富雄 국회의원이 반대의 입장을 표명했다. kttp://blog.nownews.com(검색일: 2004. 8. 22).

57) "爲國會改革案週關林義雄等明將繞行.靜坐立院", kttp://blog.nownews.com(검색일: 2004. 8. 22).

58) 王業立, 『比較選擧制度』 p.110-111.

4. 국회의원 정수 과다의 논의

　국민 모두가 정치적 결정과정에 참여하는 직접 민주주의의 이상이 현실적으로 실현될 수 없다면 국정을 담당할 대표자를 선발하는 일은 불가피하다. 몇 명의 대표자를 선발할 것인가, 지역을 어떻게 분할하여 선발하도록 할 것인가 하는 문제는 대의 민주주의의 운영에 가장 기초가 되는 조건들이다. 의회에 의원수가 너무 적다면 의원1인이 대표하는 유권자의 수는 커질 것이고 그만큼 유권자의 정치적 대표성은 약화 될 것이다. 그러나 국회의원의 의석수가 너무 많으면 국회운영과 관련하여 효율성이 떨어질 수밖에 없다. 그러므로 정치적 대표성과 효율성이란 두 가지 가치를 고려하여 의회의원 정수를 정해야하므로 적절한 규모의 의원수를 정하는 것은 쉽지 않다(강원택, p.148).

　타게페라와 슈가트(Taagepera and Shugart)는 최적 규모의 의원수를 알아내기 위해 여러 국가의 경험적 사례를 추적하여 분석하였다. 이들의 연구에 따르면 의회 의원 수는 인구의 세제곱근에 비례한다는 것이다.(Taagepera and Shugart, pp.173-183.) 그러나 순수 인구 규모만을 대상으로 했을 때, 일부 인구가 많은 국가(특히 3세계 국가)에서 의원 수가 지나치게 커질 수 있다는 점에서, 이들은 문맹율과 경제활동인구비율을 함께 고려한 새로운 적정 의석 규모 산정 방법을 제시 하였다. 우리나의 경우를 이 식에 대입하면, 의석 정수는 306석 정도가 된다. 역시 그 당시의 273석에 비해서는 30석 이상 많은 규모이다.

　이에 비해 한국의 국회의원 1인이 대표하는 인구수는 다른 민주주의 국가들과 비교하면 상당히 큰 편이다. 김재한의 연구에 따르면

연구 대상 25개국 국가 가운데 한국은 미국과 일본을 제외한 모든 국가들보다 의원 1인당 대표하는 인구수가 많았다. 한국을 제외한 24개국의 의원1인당 평균 인구를 계산하면 약 82,960명가량 되는데 이를 2000년 4월 13일 기준 한국의 인구 (47,424,300명)에 대입하면 572명이 된다. 즉, 한국 학자들은 대체적으로 현행 한국의 국회의원수가 적기 때문에 국회의원수를 더 늘려야한다는 견해들을 피력하고 있다. (강원택, 김재한.)

〈표-1〉 민주주의 국가의 의원 당 평균인구와 한국인구 대비 의원 수

구분	의원1인당 평균인구	
24국 평균	82,959.8명	572명
20개국 평균 (미국, 일본, 룩셈부르크 아이슬랜드 제외)	61,194.8명	775명
5개국 평균 (미국, 캐나다, 영국, 호주, 프랑스)	177,323.5명	267명
4개국 평균(미국 제외)	95,706명	496명

한편, 라이파트(Lijphart)는 전 세계 27개국의 민주주의 국가에 대한 분석을 통해 선거제도와 무관하게, 의회의 규모가 작을수록 불비례성(dis-proportionality)이 증가한다는 사실을 경험적으로 입증하였다.

대만은 약 300여명이 되어야 하는데, 기존에는 225명을 유지해오다가 제7대부터는 50%를 감축하여 113명의 국회의원이 대만국민을 대표하여 입법과정에 참여하고 있다. 또한 절반으로 줄어든 113명의 국민의 대표들의 의정활동은 기존 의회의원들의 활동과 비교해서 역할이나 의정활동을 효율적으로 추진하고 있는가? 다시 말하면, 대만 의회에서 113명의 의원 수는 적정한가? 이 국회의석 감축제도에 대한 여론이나 반응은 어떠한가? 이에 관해서는 차기의 과제로 남긴다.

대만의 선거제도개혁과 여성국회의원의 의회 진출향상: 여성당선할당제도와 성별비례원칙제도

1. 서론

대만은 동북아 국가들 중에서 가장 먼저 여성 부총통을 선임하였고, 나아가 내각에서도 많은 수의 여성각료를 선임해왔다. 그리고 그동안 중앙과 지방 등 역대 각종 선거에서 80년대 말 이미 총 4,699명의 여성의원을 배출하였다. 그만큼 대만 여성들의 적극적인 정치 참여와 활약은 주목할 만하다. 이러한 대만 여성들의 적극적인 의회진출 이면에는 독특한 여성당선할당제도[대만에서는 부녀당선보장정수제도(婦女當選保障名額制度)]를 법에 보장하고 있기 때문이다. 뿐만 아니라 이러한 제도에서 한 걸음 더 나아가 성별비례원칙제도가 실행되고 있다. 이러한 제도적 변화들은, 여성당선할당제도는 여성에게 한정된 의석수의 당선을 보장할 뿐이지 보다 더 넓은 의미의 성 주류화의 관점(mainstreaming a gender perspective)에서 볼 때 형평적인 '정치참여'를 제대로 보장하지 못한다는 점증하는 인식 때문이다. 즉 당선보장제도는 국회 등 각종 민의기구(民意機構)의 구성원을 선출하는 선거에서 여성이 최소 10% 비율로 당선되도록 하고 있는데 비해 성별비례원칙은 4분의1 즉 25%의 비율로 당선될 수 있도록 하고 있다. 이러한 제도적 변화를 위해서는 대만 여성단체들의 적극적인 활동이 주효했는데 특히 1990년대 후반에 있었던 대만 총통 선거 시부터 중요한 영향을 미치기 시작했다. 2000년 대선기간에도 여성단체연합회는 내각 각료 그리고 총통이 직접 임명하는 대법관, 고시위원, 감찰위원의 각 4항목 중에 1명은 여성에게 배분되도록 요구하였는데 당시 거의 모든 총통 후보들은 이를 승낙하였었다. 특히, 천수이볜(陳水扁)은 50여 년간의 국민당 1당 체제하에서 야당 후보로서 2000년 총통으로 당선된 후에 내각 구성원의 4분의 1을 여성으로 임명함으로써 그의 후보 때 약속을 지켰다. 그러나 이러한 변화가 정치의 핵심적 행위자인 정당들 내부에서 제도화되기까지는 여성계의 지속적인 노력과 희생을 필요로 했다.

2004년 8월 대만에서는 여성의 의회진출 향상을 위한 또 하나의 중요한 선거제도 개혁이 있었다. 이는 '전국구 입법위원 1/2정당공천제(全國不分區立法委員1/2 政黨提名)'인데[59] 국회의원 선거에서 전국구 여성의원의 2분의 1을 정당이 공천하도록 하는 제도로써 또 한 번의 헌법수정을 통해 여성의 정치참여와 의석증가에 놀라운 변화를 가져왔다.

2013년 1월말 현재 대만 국회의 여성의원 의석수 구성 비율은 33.6%로서 동북아의 국가들 중에서 가장 높은 수준이다. 이는 대만 사회가 여성당선할당제와 성별비례원칙제도를 도입한 데서 큰 추동력을 얻은 것이다. 뿐만 아니라 대만여성들이 정당한 시민권에 기초

---

59) 대만의 입법원(立法院)은 한국의 국회에, 입법위원(立法委員)은 한국의 국회의원에 해당된다. 이후 본 논문에서 입법원은 국회로, 입법위원은 국회의원으로 표기한다.

하는 사회적 책임성, 가치 및 덕성을 담지 하는 역량을 증진하는 데 있는 것이다.[60] 본문은 대만의 여성당선할당제와 성별비례원칙제의 도입에 있어서 여성단체들의 헌신적 노력과 그러한 제도적 도입이 대만여성들의 국회 진출에 미친 영향에 대하여 좀 더 심층적으로 논의하고자 한다. 나아가 2004년 '전국구 국회의원 1/2정당공천제'의 제도 개혁 후 국회에 들어온 제 7, 8대 전국구(不分區) 및 지역구 여성 국회의원들의 주요 입법 활동에 관하여 고찰해본다.

연구방법은 문헌연구에 중점을 두고, 최근 대만의 의정현황과 여성 국회의원들의 적극적인 의정활동을 파악하기 위해서 2013년 1월 중순에 해당 국회의원들을 방문, 설문 인터뷰를 통해 얻은 자료들을 활용하였다.

2. 이론적 논의

오늘날 여성의 적극적인 의정 참여는 각 국가에서 점증하는 추세라고 할 수 있다. 이러한 맥락에서 유엔 개발계획(United Nations Development Programme)은 1995년 북경에서 개최한 제4차 세계여성회의를 계기로 발표한 여성권한척도(Gender Empowerment Measure, GEM)의 지표로서 어떤 국가의 여성들의 정계진출정도, 즉 국회의원 수, 행정 관리직 여성 비율을 중요한 요소로 포함하고 있다. 이와 관련하여 여성의 적극적 의회참여를 위해서는 선거제도를 어떻게 구성, 운용하는가의 문제가 중요하게 된다. 왜냐하면, 한 국가에 있

---

60) 오유석, "2010 지방선거 남녀동수 실현을 위한 제도개선방안과 전략", 『2010 지방선거 '남녀동수' 어떻게 실현할 것인가』, 토론회 자료집, 2010 지방선거 남녀동수 범여성연대, 2009, pp.11-12.

어서 여성의 정치참여 정도와 선거제도는 중요한 상관관계를 갖기 때문이다.

제도와 관련하여 존 스튜어트 밀(J. S. Mill)은 다음과 같이 피력하고 있다:

> 일체의 정치제도는 인간에 의해 만들어진다. 그것이 제도로서 제정되고 존재할 수 있는 것은 인류의 희망이나 염원에 기초하고 있기 때문이다. 하나의 정치제도가 국가공동체에 주어졌을 때 그것이 유지, 변화, 발전되기 위해서는 그 공동체 구성원인 국민들이 그것을 최소한 배척, 거부하지 않고 수용적이어야 하는데 이는 그러한 제도가 구성원들의 필요에 부응할 때 가능하다.[61]

이처럼 여성의 정치참여를 증진하기 위해 마련된 다양한 제도들, 예를 들면 당선할당제, 정당비례대표제, 성별비례제 등은 서로 차이가 있음에도 불구하고 한국을 비롯하여 노르웨이, 벨기에, 영국 등 여러 국가에서 시행되고 있다. 이러한 제도의 도입과 발전은 그러한 국가들의 공동체 구성원으로서 여성학자, 여성단체, 많은 유권자들이 연대하여 압력단체를 형성하고 관련 정당에 편지쓰기 등의 노력과 나아가 경우에 따라서는 투쟁을 통해 성취된 것이다.

정치제도와 그 변화의 요인에 대한 이상의 논의를 요약하면 다음과 같이 말할 수 있다. 첫째, 제도의 형성과 발전은 기존의 관련 정치사상이나 이념의 영향 속에서 일어나며, 또한 기존의 제도와 규범과의 연관성 속에서 변화를 지속한다. 둘째, 제도는 당시 지도적인 인물들의 영향을 받게 되는데, 사상가나 학자나 시민단체 같은 지도적인 행위자들은 제도의 이념을 도출하고, 행정인원은 이러한 이념

---

61) John Stuart Mill 著 郭志嵩譯, 『論自由及論代議政治』(臺北: 協志工業叢出版公司, 民國63年), pp.106-107.

에 기초하여 제도를 기획·제정·집행하며, 그 제도는 또 이해당사
자인 사회대중(여성, 여성단체)의 인식과 반응이라는 환경 속에 놓
이게 된다.[62] 셋째, 특정제도는 당시 사회세력 혹은 정치세력의 영
향을 받을 수 있다. 넷째, 어떤 국가에 존재하는 기존 제도 혹은 새
제도는 기타 국가의 기존 혹은 새 제도에 영향을 미칠 수 있다. 특히
여성의 정치참여에 관한 훌륭한 제도의 사례들은 타 국가의 여성의
정치참여 증진과 제도 형성에 영향을 미치게 된다.

3. 대만의 여성 관련 선거제도의 변화

대만의 현·시(縣·市)의회 선거와 국회의원 선거에서 점점 더 많
은 여성들이 진출하고 있는 현상은 여성의 역량 신장이라는 측면에
서 크게 바람직한 현상으로 이해되고 있다. 이러한 대만 여성들의
정계진출 향상은 바로 대만에서 실행되고 있는 선거제도의 변화와
밀접한 관련이 있다.

1) 초기헌법에 명시된 여성당선할당제도(婦女當選名額保障制度)

여성과 남성이 동등하게 선거에 참여할 경우 여성은 조직, 자금,
경력 면에서 대체로 불리하다. 이러한 현실을 감안하여 대만은 일찍
이 헌법에 여성에 대한 당선할당제 조항을 규정하였다. 즉 중화민국
헌법 제134조는 "각종 선거에서 반드시 여성당선정수를 규정하고
그 방법은 법률로 정한다(各種選擧, 應規定婦女當選保障名額, 其辦法以

---

62) 陳德禹, 『中國現行公務人員考選制度的探討』(臺北: 五南圖書出版公司, 民國71年), p.24.

法律定之)"라고 명시하고 있다. 이 모법에 기초하여 대만은 각종 선거법규에 이 규정을 명문화 하고 있다. 예를 들면, 대만성 각 현·시 의회조직규정(臺灣省 各 縣·市 議會組織規定) 제2조 2항은 "구역 선거 각 선거구에서 반드시 선출될 당선자 수를 정하고, 매 10명 중 최소한 반드시 여성의원 1명을 둔다. 남은 수가 5명 이상 혹은 그 숫자가 10명 미만 5명이상일 때 모두 최소한 반드시 여성1명을 둔다(區域選擧各選擧區應選出之名額, 每滿10名至少應有婦女1名, 餘數在5名 以上 或名額未滿10名而達5名以上者, 均至少應有婦女1名)"라고 명시하고 있다. 즉, 여성의 정치참여를 촉진하기 위하여 민의기구 구성을 위한 선거에서 최소한 10% 내지 20%를 여성이 당선될 수 있도록 명문화하고 있는 것이다. 이 제도를 제의할 당시에 여성의원 당선 정수를 20%로 요청하였는데 그 이유는 당시에 전국적으로 고등교육을 받은 자 중에 여성이 약 100분의 20 즉, 20%를 차지하고 있었기 때문이다.[63)]

대만에서 이러한 당선할당제가 도입될 수 있었던 것은 쑨중산(孫中山)의 남녀평등권과 송메이링(宋美玲), 우즈메이(吳智梅), 류순이(劉純一)의원 등 여성 지도자의 실천이 뒤따랐다. 이들은 총 1,221명의 지지자 명단을 제출하였고 개정헌법을 통과시키기 위해 혼연일치된 투쟁을 전개했었다. 당시 이러한 의견에 반대한 사람으로는 대만성(省) 성 주석 천청(陳誠), 후스(胡適) 등이 있었는데 후스의 학생 루어징지엔(羅靜建)은 각종 연회장에까지 찾아가 후스를 설득하여 여성당선할당제를 담은 헌법초안을 심의할 때 찬성도 반대도 하지 않도록 하는데 성공했다. 이처럼 설득과 반대자들까지 함구무언하게 함

---

63) 梁雙蓮, "臺灣婦女的 政治參與現況與發展," 『女性知識分子與臺灣發展』세미나 발표논문, 中國論壇社. 民生報 共同主辦, 民國67년, 2월. p.75.

으로써 드디어 1946년 중화민국 헌법에 '각종 선거에서 여성의원의 당선 정수를 반드시 규정하고 그 방법은 법률로 정 한다'라는 조항이 삽입될 수 있었다. 또한 희생이 따르기도 하였다.[64]

그러나 일단 어떤 제도가 도입되었다 할지라도 그 제도가 지속될 것인가 아니면 폐지될 것인가 여부는 국민 대중이 그 제도를 어떻게 받아들이느냐에 달려있게 된다. 이 제도의 존폐여부에 대해 1980년 대[65] 그리고 최근에 연구조사가 있었는데 그 결과 이 제도가 여전히 필요하다는 의견이 지배적이었으며, 심지어 지속적으로 강화, 발전 시켜야 한다는 주장도 강하게 나타났다.[66] 그리하여 대만은 이제 '여성당선할당제'를 넘어 양성평등정치의 실현을 위한 '성별비례원 칙제'라는 진일보한 제도 도입을 추구하게 되었다.

2) 1/4성별비례원칙제의 쟁취

여성학자들과 여성단체들은 약50년 간 실행되어온 '초기의 여성 당선할당제'가 새로운 시대의 정치현실상황과 제대로 부합되지 못 한다는[67]데 의견을 모으고 1995년 국민당 중앙부녀회(婦公會)가 발 표한 '부녀정책백서'의 실시방안을 건의하게 되었다. 여기에서 여성 지도자들은 여성당선할당 비율을 100분의 40으로 높이고 유럽 여러 국가들의 사례처럼 주요 정당들의 당내 후보자 공천 방안에서도 여

---

64) 하영애, 『지방자치와 여성의 정치참여』(서울: 삼영사, 2008), pp.42-145.

65) 1980년대의 한 설문조사에서 학자, 정치가, 기자 등 존속을 견지하는 의견이 많았는데 특히 국 립 대만대학교의 웬송시(袁頌西) 교수는 여성의 정치참여기회 향상을 위해 이 제도의 존속이 바 람직하다는 의견을 강력히 피력하였다. 河暎愛, 『臺灣省縣市長及縣市議員選擧制度之研究』, p.492.

66) 최근의 자료로서 許翠谷, '影響我國女性政治參與之因素分析-以第4代女性立法委員爲例', etd.lib.nsysu.edu.tw/ETD-db/ETD_search_c/view_etd?URN=etd_0723102_095125(검색일: 2012. 11. 23).

67) 黃長玲, "從婦女保障名額到性別比例原則-兩性共治的理論與實踐", pp.71-72.

성당선할당 정수의 비례를 도입하자고 주장하였다. 그러다가 1996년 말 오랫동안 민진당 내에서 '1/4성별비례제'를 주장해오던 부녀부 주임 펑완루(彭媛如)가 까오슝(高雄)에서 피습을 당하자 여성단체들은 그의 뜻을 유지 계승하는 차원에서 적극적인 운동을 전개하여 '1/4부녀당선정수보장안(婦女當選定數保障案)'을 가까스로 '헌법수정안'에 넣을 수 있었다. 그러나 해당 항목의 조문은 최종 단계에서 꿔다(國大)를 지배하는 다수 남성의원들의 반대로 인하여 통과되지 못하였다.[68] 1999년 헌법 수정 논의가 재개되었을 때, '1/4부녀당선정수보장안'은 다시 각 정당의 소수자보호 정책과 관련된 공유 의제 중의 하나가 되었다. 여성단체들 역시 '1/3성별비례원칙'을 '1/4부녀당선 할당제'의 관점으로 대신하였다.

대만의 정치에 있어서 '여성당선 할당제'를 채택하든지 아니면 '성별비례원칙제'를 채택하든지 간에 여성의 정치참여와 정계진출에 관한 제도적 실행은 대체로 네 가지 영역에서 이루어진다고 할 수 있다. 즉, 여성들이 정무관(장차관)으로 임명되는 경우, 각종 민의대표기구의 선거에 출마하는 경우, 정당의 공천을 받는 경우 그리고 정당의 당직자로서 임명받는 경우 등이다. 그 중 현행 헌법 규정의 적용을 받는 경우는 민의대표를 선출하는 선거에서 당선되는 것이고 나머지 3개의 영역에서 여성이 참정의 기회를 얻을 수 있는 경우는 정당공천의 확보와 선거법의 적용을 통해서이다. 이 문제와 관련하여 <표-1> '여성정계진출 영역 중 여성당선할당제와 성별비례원칙 적용상황'은 보다 종합적인 고찰을 가능하게 한다.[69] 첫째, 정무관직의 임명에 있어서는 성별비례와 관련하여 아무런 법령규정도

---

68) 상게서, p.74.

69) 당선할당제와 1/4성별비례원칙제도 모두를 폭넓게 '여성당선할당제' 속에 포함시킬 수 있다. 그러나 구체적인 이해를 위해 <표-1>을 참고할 필요가 있다.

없기 때문에 2000년 총통선거 기간에 여성단체들은 연합하여 여성정책에 대하여 후보자들의 서명을 받았다. 이 여성정책과 관련하여 여성단체들은 8개의 정책지표를 제시하여 그 중에 총통이 임명할

〈표-1〉 여성정계진출 영역 중 여성당선할당제와 성별비례원칙의 적용상황

적용 범위		현재 여성참여 비율	여성당선할당제/ 성별비례원칙 적용 유무	관련 법규 혹은 기타 근거
정무관급은 총통 임명직	내각 각료	약 1/4	1/4성별비례원칙	총통선거 때 승락
	행정원 정무위원회	1/6	무	
	감찰위원	1/2	무	
	고시위원	1/9	무	
	대법관	1/17	무	
민의 대표의 당선	입법위원	약 1/5	1/10여성당선할당제	헌법 제134조 (1946년 제정)
	* 국회의원 (입법위원)	약 1/3	"전국구 국회의원1/2 정당공천제도"	헌법수정 증보 제5조(2004년)
	타이뻬이시, 까오슝시	타이뻬이시: 약 1/3 까오슝시: 약 1/9	현재: 1/7여성당선할당제 미래: 1/4여성당선할당제	지방제도 법
	현시의원	약 1/6	현재: 1/10 여성당선할당제 미래: 1/4 여성당선 할당제	지방제도 법
	향진시민대표	약 1/6	현재: 1/10여성당선할당제 미래: 1/4여성당선할당제	지방제도 법
선거에서 정당공천	국민당		1/4 불분구 입법위원당선할당	국민당 국회의원 공천방법
	민진당		1/4 성별비례원칙	민진당 공직인원 공천방법
	신당		무	
	신민당		무	
정당 당직	국민당		1/4 여성당선할당제	국민당 당규
	민진당		1/4 성별비례원칙	민진당 당규
	신당		무	
	친민당		무	

출처: 黃長玲, "從婦女保障名額到性別比例原則−兩性共治的理論與實踐," p.76.
　* 국회의원(입법의원)자료는 2004년의 헌법 수정조문을 추가로 명시함.

수 있는 내각각료와 대법관, 고시위원, 감찰위원 4명 중 1명을 여성으로 해줄 것을 요구하였다. 천수이볜은 총통에 당선된 후 내각의 전체 각료 중에 여성 각료를 4분의 1비율로 배분, 임명하였다. 그러나 대법관, 고시위원 그리고 감찰위원은 이미 임기가 정해져 있었기 때문에 여성단체들의 요구를 수용하는 데 어려움이 있었다. 둘째, 민의기관 대표로서의 당선 부분은 이미 헌법에 규정되어 있었고 그에 따라 최초의 모든 선거에서 여성의원 후보자에게 반드시 최소한 10% 비율로 당선을 할당함으로써 자연적으로 여성들의 정치참여에 중요한 영향을 미쳤다. 이에 관해서는 뒤에 다시 논의하겠다.

셋째, 제도적 개혁 노력은 정당의 공천 부문에서 찾아볼 수 있다. 이러한 면에 있어서 민진당은 집권당으로 있을 때 먼저 선례를 남겼다. 민진당은 공직인원 후보자의 공천방법으로 전체의 1/4성별비례원칙제도를 적용하도록 하였다. 민진당이 1/4성별비례원칙을 적극적으로 적용한 배경에는 민진당의 전 부녀부 주임 펑완루의 헌신과 희생이 자리하고 있다.[70] 펑완루는 대만 여성운동단체 중 가장 활발했던 푸뉘신쯔(婦女新知) 출신으로 1994년 민진당에 입당하여 민진당 부녀 발전위원회 주임이 되었는데 "1/4성별비례원칙 조항"을 추진하기 시작했다. 1/4성별비례원칙 조항 도입의 당위성을 설득하며 당내의 적극적인 연대서명을 위해 뛰던 펑완루는 심지어 "펑 1/4"로 불릴 정도로 헌신적이었다.

1998년 1월 현·시의원 선거에서 민진당은 처음으로 이 1/4성별비례원칙제도를 적용하여 후보 공천을 하였다. 선거 결과 민진당은 현·시의원 중 총 18석을 차지했는데 그 중 15석을 여성이 차지함으로써 여성의 정치참여 효과가 크게 나타났다. 그럼에도 불구하고

---

70) 黃長玲, "從婦女保障名額到性別比例原則-兩性共治的理論與實踐", p.75.

1/4성별비례원칙 조항을 포함하는 헌법 수정안이 상정되었지만 여성을 경시하는 분위기가 강하게 남아있는 상황에서 부결되고 말았다.[71] 그 후 신당(新黨)은 1998년의 입법위원 선거 시 1/3여성당선보장 정수를 채택, 적용하였다. 한편 국민당은 이 선거에서 패배한 후 2000년 6월의 임시 당대표대회에서 당 규정을 개정하여 전국구 국회의원의 후보 공천 시 1/4의 비율에 대한 여성당선보장정수안을 채택하였다.

넷째, 정당당직자 임명 시의 성별비례제 채택에 대해서 민진당은 1997년 9월 민진당 전국당대표대회에서 당내 직무자에 대하여 1/4 성별비례원칙을 적용하기로 하였고 국민당은 1/4 여성당선할당제를 국민당 당규에 명문화 하였다.

대만여성의 의회진출을 위한 독특한 선거제도인 여성당선할당제도와 1/4성별비례제도는 그냥 주어진 것이 아니다. 이 제도의 도입 과정에는 많은 사람의 다양한 노력을 통해 이루어졌다. 그 후 2004년 8월에 헌법 수정안이 통과되면서 '전국구 국회의원 1/2공천제도'의 도입을 통해 2008년의 국회의원 선거에서 대만의 여성 국회의원 비율은 30%를 선회하게 되고 결과적으로 여성의원들의 의회진출향상에 획기적인 증가를 가져오게 되었다.

4. 대만 여성의 의회 진출 현황과 7, 8대 여성의원의 의정활동

대만은 위에서 논의한 것처럼 쑨중산을 비롯한 정치지도자들의 소신과 여성 지도자들의 헌신적 노력으로 선거제도를 개혁함으로써 여성들이 정계에 진출할 수 있는 기회를 확대할 수 있었다.

---

71) 『中國時報』, 民國 87년(1998년) 7월 20일.

1) 대만 여성국회의원의 의회 진출 현황

일반적으로 여성들은 남성들에 비하여 결혼과 육아 및 가정생활의 이중부담으로 인하여 현실정치에 진출하는 데 많은 어려움이 있는 것이 사실이다. 비록 학력이 높더라도 자아기대감이 높지 않을 수 있고 혹은 사회적 책임에 대해서도 어려움을 느끼며 특히 오랫동안 남성의 독무대로 인식되어온 정치현장에 대해 흔히 무관심하게 된다. 이러한 맥락에서 여성의 특수한 입장을 고려한 바람직한 선거제도가 존재하지 않는다면 여성들이 정치에 참여하기 위해 아무리 열심히 노력한다 해도 남성들처럼 의회에 많은 의석을 확보하기가 어려울 수밖에 없다. 이러한 이해를 바탕으로 대만에서 여성당선할당제와 성별비례원칙제도, 전국구 1/2정당공천제 등이 적용된 국회의원선거에서 여성의 의회진출 현황을 논의한다.

중화민국 49년(1960)에 장졔스(蔣介石) 정부는 본토에서 대만으로 도읍을 옮겼다. 그 후 민국(民國)58년(1969년)에 최초로 '증액 입법위원(增額立法委員)'선거를 실시했다. 여기서 '증액(增額)'이라는 용어를 사용하는 이유는 대만에서는 그때까지 중국 대륙에서 선출된 의원들이 종신으로 의원직을 유지하고 있었고 오랫동안 이들의 사망이나 결원이 발생할 경우 등에 한해서만 선거를 실시하였기 때문이다. 따라서 국회의원 선거에서 뽑을 수 있는 인원은 많지 않았다. 증액국회의원 중 여성의원 당선자 수도 최초의 1969년 선거에서는 1명(9.1%)에 그쳤다. 1972년 4명(11.1%), 1975년 4명(10.8%), 1980년 7명(10%), 1983년 8명(11.3%) 그리고 1986년 7명(9.6%)[72]에 머

---

72) 하영애, 『지방자치와 여성의 정치참여』, p.156.

물러 한 자리 숫자이긴 했으나 여성 국회의원들의 비율은 당선할당제의 영향으로 평균 10% 비율을 유지했다고 하겠다. 주목할 것은 여성후보자 인원수인데 일반적으로 선거에서는 후보자가 많을 때 당선자도 많아지는 경향이 있기 때문에 후보자의 수도 중요하다. 당시 증액선거처럼 극소수 인원을 뽑는 국회의원선거에서 대만의 여성 후보자수는 불규칙하기는 하지만 초기 16%를 비롯하여 평균 10%를 나타내고 있는데 이는 여성 국회의원을 최소한 10% 당선시키도록 하는 '여성당선할당제도'를 바탕으로 여성들이 적극적으로 경선에 임할 수 있었기 때문이다. 또한 실제 여성 국회의원이 그만큼 당선되었다. 그러나 이러한 인원 구성비율의 여성 국회의원들만으로는 국회에서 여성들의 목소리를 제대로 낼 수 없는 것이 엄연한 현실이었다. 따라서 그 후 국회의원 선거가 '증액 숫자'에서 벗어나고 대만 사회에서 1992년부터 최초로 전면적인 국회의원선거가 실시되면서 여성의원의 수가 증가함과 동시에 여성의원들의 의정활동도 더욱 활발해지기 시작했다.

특히 '<표-2> 전면 국회의원 선거 후 여성 국회의원 후보자와 당선자 현황'에서 볼 수 있듯이 대만에서 여성의원들이 그들의 역할을 제대로 수행하게 된 것은 '성별비례원칙제도'가 적용된 이후라고 할 수 있다. 2000년 야당이었던 민진당의 천수이볜 후보가 총통에 당선되어 정권교체가 이루어졌고 2001년 제5대 국회의원 선거에서 총 225명 의원 중에 여성의원이 50명이나 당선되어 22.2%를 차지하였다. 이것은 당시에 민진당을 중심으로 많은 여성단체가 활발히 여권신장 운동을 전개하면서 1/4성별비례원칙제의 적용을 강력하게 요구한 결과 각 정당들이 여권신장 정책에 관심을 갖게 되었고 결국 민진당과 국민당에서 여성들이 많은 수로 공천을 받을 수 있었기 때

문이다. 이렇듯 선거제도의 개혁을 통해 여성들의 의회진출이 향상
되고 있음을 알 수 있는데 대만은 또 한 번의 선거제도의 개혁으로
동북아에서 가장 높은 여성의원 비율을 보여주게 되었다.

〈표-2〉 전면 국회의원 선거후 여성 국회의원 후보자와 당선자 현황(1992-2012)

년대	역대	후보자			당선자		
		남성	여성	비율(%)	남성	여성	당선비율 (%)
1992년	2대	-	-		161 명	17명	9.5
1995년	3대	347 명	50 명	12.6	141 명	23명	14.0
1998년	4대	412 명	86 명	17.3	182 명	43명	19.1
2001년	5대	474 명	110 명	18.8	175 명	50명	22.2
2004년	6대	396 명	96 명	19.5	178 명	47명	20.9
2008년	7대	302 명	121 명	28.6	79 명	34명	30.1
2012년	8대	279 명	131 명	31.9	75 명	38명	33.6

자료출처 : 臺灣 立法院 (http://zh.wikipedia.org/wiki) 자료와 주한 대만대표부 신문조(新聞組)의 자료
(2004-2008)를 바탕으로 재구성

2004년 선거에서 여성의원의 당선비율은 20.9%로 약간 하락했으
나, 2008년 1월 12일 7대 선거에서 여성 국회의원 수는 무려 10%
상승한 30.1%를 나타내었다. 이러한 괄목할 만한 결과는 바로 여성
을 고려한 선거제도의 개혁에서 그 중요한 원인을 찾을 수 있다. 즉,
헌법증보 수정조문 제 5조(憲法增修條文第5條)는 "[전국 불분구 입법
위원선거에서 각 정당의 당선명단 중에, 여성의원 의석을 2분의 1보
다 낮게 해서는 안 된다(全國不分區立法委員, 各政黨當選名單中, 婦女不
得低於1/2)]"라고 명문으로 규정하고 있는 것이다.[73] 이러한 조항은
대만 국회에서 남녀평등을 논의할 수 있는 근간을 제공하였다. 특히,

---

73) 또한 선거법규에 '소수민족과 여성의 보장제도'를 명문화 하고 있는데, 즉 소수민족과 여성의
참정 권리를 보장하기 위하여 각 급 민의대표 선거에 원주민과 여성후보자의 최저당선수를 법
규로 보장한다.
少數族群與婦女的保障", web.cec.gov.tw/files/11-1000-37-1.php. (검색일: 2012. 11. 8).

이러한 조항에 힘입어 국회의 여성의석 비율은 지속적으로 상승하였는데 2012년 1월 14일 실시한 제 8대 선거에서 여성 국회의원이 38명 당선되어 전체 의석수의 33.63%를 나타냈다. 이러한 결과는 역대 대만의 국회의원선거 중 가장 높은 여성국회의원수를 나타내는 것이다. 뿐만 아니라, 이는 현재 동북아의 한국, 중국, 일본 세 나라 중에서 가장 높은 비율을 나타내는 것이기도 하다. 왜냐하면, 중국은 제1대와 제2대 국회의원(人民大會代表) 선거에서 여성의원의 비율이 12%였으며 3대부터는 평균 20%를 유지하였으나 최근까지 21.3%[74]에 머물러 있기 때문에 관련 학자들과 여성의원들의 지속적인 비판의 대상이 되고 있다.[75] 일본의 여성국회의원은 2010년에 상원의원 242명 중 여성의원은 42명으로서 17.4%, 하원의원은 480명 중 여성의원은 54명으로 11.3%의 비율을 나타내고 있다.[76] 한국에서 여성들의 국회 진출기회도 점차 향상되어 2012년 4월 11일 선거에서는 15.7%로서 한국선거사상 가장 높은 비율을 나타냈지만 대만 여성들에 비교하면 한참 못 미친다는 것을 부인할 수 없다.

2) 7, 8대 여성의원의 주요 의정활동

한 국가의 주요 정책은 입법기구를 통해서 공식적으로 수립되기 때문에 민의대표 중에서 국회의원의 역할이 중요시되지 않을 수 없다. 현재 대만의 국회의원 총수는 113명이다.[77] 이는 지역구 국회의원 73

---

74) 하영애, "韓中 양국여성의 의회진출과 사회참여에 관한 제도론적 고찰", 『의정논총』제5권 1호, (서울: 한국의정연구회, 2010), p.285.

75) 于芳, "中國婦女參政: 問題, 成因及對策," 『南昌大學學報(人文社會科學報)』, 第40卷 第5期 (2009年 9月), p.22.; 陳秀榕委員과 吳曉靈委員의 발언에서도 강한 비판의 어조가 나타난다. "關于人大代表的擴乏性-人民代表大會審議 摘登(三)", <中華人民共和國全國人民代表大會和地方各級人民代表大會選擧法修正案(草案)>審議發言, 中國人大网 www.npc.gov.cn (검색일: 2009. 11. 12).

76) "IPU, Women in National Parliament," 2010년 자료. http://gsis, kwdi, re, kr.(검색일: 2013. 4. 10).

명, 전국구 국회의원 34명(남 17명, 여 17명), 소수민족 국회의원 6명으로 구분할 수 있다. 이중에 7, 8대의 전국구와 지역구 여성의원 중 국회회기 중인 시간적 제한 속에서도 인터뷰에 응했던 8명을 중심으로 그들의 정계입문 배경과 주요 의정활동을 중심으로 논의한다.

(1) 7, 8대 여성 국회의원의 정계입문 배경

전국구 국회의원들은 정당의 공천을 통해서 정치에 입문하게 된다. 다시 말하면, 본인이 원해도 각 정당이 공천하지 않으면 국회의원이 될 수 없는 것이다. 그것도 당선권 안에 들어가는 순위를 받아야 의원이 될 수 있는 것이다. 이러한 전국구 국회의원들의 정계진출과 관련하여 개인 및 가정 배경에 대한 설문조사를 하였다. 왜냐하면, 80년대의 대만 여성의원들의 대부분은 정치가문의 영향을 받아 정계에 진출했는데 예를 들면, 시아버지, 남편, 어머니의 후광 등이 중요했다. 따라서 설문 및 인터뷰 문항에 "당신의 정계진출의 동기는 무엇입니까?(你進出政界, 動機如何?)"라는 질문을 했는데 그에 대한 답변을 살펴보면, 민진당의 유메이니(尤美女) 의원은 변호사로서 공천을 받았고, 황수잉(黃淑英) 의원은 여성단체의 추천으로 그리고 국민당의 홍시오쮸(洪秀柱) 의원은 고등학교 교사출신의 교육 경험 외에 다년간의 정치경험(6선 의원 후에 2회 연속 전국구 국회의원으로 공천 받은 경우임)으로, 그리고 역시 국민당의 뤄수레이(羅淑蕾) 의원은 회계사로서 발탁되었다.[78]

---

77) 1992년과 1985년의 국회의원 수는 불규칙하고 1998년부터 2004년 까지는 총 225명이었으나 2004년 헌법수정을 통해 '국회의원 절반감축'으로 2008년(제7대)부터 국회의원 총수는 113명이다.

78) 뤄수레이 의원은 입법부의 예산 관련하여 회계사가 꼭 필요하다는 친민당의 당수 쑹추이의 권유로 6대 의원으로 들어왔다. 전임자가 임기 2개월을 남기고 그만 두게 된 결원에 들어와서 7대는 전국구를 하였으나, 8대 선거에서는 타이베이 시(市) 제3지역구에서 장경국 총통의 아들을 물리치고 당당히 지역구의원으로 자리를 굳혔다. (2013. 1. 15. 오후 2시-3시 뤄수레이 의

나머지 4명의 지역구 의원 중 국민당의 쉬신잉(徐欣瑩)의원은 친구의 권유 및 어머니 병환 때문에[79] 루슈옌(盧秀燕) 의원은 기자출신으로 영입되었고, 민진당의 이예이진(葉宜津) 의원은 본인이 열정과 이상으로 국민에게 봉사하고자 정치참여를 했으며, 반대로 까오슝의 추이룽(邱議瑩) 의원은 전형적인 정치가문 출신이다. 그녀는 4살 때부터 아버지로부터 정치에 관심을 가지라는 분부가 있었고 이를 피하기 위해 대학에서는 상과와 호텔관광을 전공했다고 한다[80]. 그러나 결국 25세 때 가족의 권유로 출마하여 최연소 국민대회대표(國民大會代表)로 당선된 경력이 있으며, 5, 6대에 국회의원에 당선하였고 7대에는 낙선한 뒤 제8대에 다시 당선되었다. <표-3>를 통해 이들 국회의원들의 배경을 이해할 수 있다.

〈표-3〉 대만 여성 국회의원 중 인터뷰에 응한 각 의원의 배경

성명	정당	방문 인터뷰 일시	이력 및 경력
尤美女	민진당	2013. 1. 8. 오후 5시-6시	▪변호사 출신 ▪제8대(전국구)
黃淑英	민진당	2013. 1. 9. 오후 2시-4시	▪제6대, 7대의원(전국구) ▪현. 대만여인연선 이사장
邱議瑩	민진당	2013. 1. 10. 오후 2시-3시	▪국민대회대표 역임 ▪제5대, 7, 8대의원(지역구)
徐欣瑩	국민당	2013. 1. 10. 오후 3시-3시55분	▪내정부 3년근무 ▪신죽현 16-17대 현의원 역임 ▪8대 의원(지역구)

원과 인터뷰).

79) 쉬신잉(徐欣瑩)의원은 NASA에 합격 후 유학가려고 준비하고 있었는데 어머니가 암에 걸려 유학을 포기하고 간호하면서 내정부에 3년간 근무하게 되었고 친구들의 권유로 신죽현(縣)의 현의원으로 당선된 것이 계기가 되어 현 의원 2선 후에 제8대 국회의원에 최고 득표로 당선한 경우이다. (2013.1.10. 오후 3시-3시50분, 쉬신잉 의원과 인터뷰).

80) 증조부, 조부, 아버지 모두가 정치인이었다고 한다. (2013. 1. 10.오후2시-3시, 추이룽 의원과의 인터뷰).

洪秀柱	국민당	2013. 1. 10. 오후 4시-5시	▪제1,2,3,5,6대(지역구) ▪4대, 7-8대(전국구) ▪국민당 당 주석 역임 ▪현재 국회부의장
葉宜津	민진당	2013. 1. 10. 오후 5시10분-5시40분	▪여성운동가 출신 ▪제8대(지역구)
羅淑蕾	국민당	2013. 1. 15. 오후 2시-3시	▪회계사 ▪6대-7대(전국구) ▪제8대(지역구)
盧秀燕	국민당	2013. 1. 15. 오전10시30-11시30분	▪TV기자 출신 ▪성(省)의원 (10대) ▪제8대(지역구)

자료: 여성 국회의원들 방문 후 인터뷰 자료정리.

(2) 7, 8대 여성 국회의원의 의정활동

7, 8대 여성국회의원의 의정활동은 다양하나 여기서는 의원이 된 이후 의안발의와 중점적으로 추진한 활동들을 중심으로 살펴본다. 첫째, 의정활동에 관해서는, "국회의원기간 중에 어떤 의제에 가장 중점을 두고 발의 하였으며 논의하였습니까?(立法過程中著重那樣議題 的討論與辯證?)라는 질문에서 그들은 다양한 입법 활동을 제시하였다. 홍시오쭈 의원은 제1대 국회의원부터 현재 8대까지 8선으로 연임하고 있는 최장수 국회의원으로서 국회부의장을 맡고 있다. 그가 발의하고 시행한 법률은 대단히 많으며 특히 교육개혁, 교사자질 향상, 교사의 권익, 아동학대, 의약분업, 보건 위생 등과 관련되는 것으로 대표적인 법안은 1. 교육경비편성 및 관리법 부분조문 수정안(育經費 編列與管理法部分條文修正草案)、(時間: 2008.11.28.) 第7屆第2會期, 提 案編號 1605委8567; 2. 교육인원 임용조례부분 조문수정 초안(教育人 員任用條例部分條文修正草案)、(時間: 2002.4.23.) 第5屆第1會期, 提案編 號 1221委4023; 3. 국제법 제20조 수정초안(國籍法 第二十 條 修正草案) (時間: 2000年11月14日) 第4屆第4會期, 提案編號: 院總字 第940號 委員提

案 第3306號 등이다.

뤄수레이 의원은 주류가격을 현실화 하였다. 미주(米酒)는 원래 한 병에 20위엔(한국 대 대만 화폐는 30:1 정도임) 하던 것이 180위엔 으로 오르게 되었다. 중국음식의 요리 특성상 가정에서 음식을 만들 때 이 미주를 많이 사용하는데 가격이 너무 인상되자 시장에서 가짜 미주가 활개를 치는 형국에서 "주세법 제8조 수정초안"을 입법원 총 1746호 위원제안 제8765호로 발의하였다. 뤄의원의 적극적인 주 장으로 미주의 1병당 가격이 50위안 이상 초과할 수 없도록 한 이 법안이 4시간의 협상 끝에 통과되어 시중가격에 비해 130원을 절감 할 수 있게 하였다.[81] 또한 루어 의원과 루슈옌 등 7명의 국회의원 이 중·저소득 가정의 세금부담을 덜어주기 위해 '소득세법 제5조와 제66조의 9항 삭제조문 수정초안'을 제출하여 국민들의 부익부 빈 익빈의 불공평한 세제를 축소함으로써 대만의 빈부격차를 줄이는데 중요한 역할을 하였다.[82] 유메이니 의원은 법률위원회에서 활동하 고 있는데 그를 중심으로 한 19명의 국회의원들이 연대서명으로 "유선방송TV법 부분조문 수정초안(有線放送TV法部分條文修正草案)을 제출, 2012년 11월 1일 협상을 거쳐 2012년 12월 26일 통과시켰다. 이예이진 의원 등 28명의 의원이 제안한 '방송, TV법 부분조문수정 초안(放送, TV法部分條文修訂草案)이 2012년 10월 18일 통과되었는데 '방송, TV의 프로그램 중에 본국자체의 프로그램을 100분의 70이하 로 할 수 없으며, 특히 골든타임에 본국에서 제작한 작품이 100분의 50이하여서는 안 된다'는 내용이다. 쉬신잉 의원은 '동물보호법 제 22조의 3항목과 제25조의 2항목 수정안'[83]과 '은행금리 및 신용카

---

81) 『聯合晚報』,民國98년 (2009년). 4. 16.

82) 立法院 제7대 제3회기 제2차 회의 議案 관계문서 (院總 제225호 委員提案 제8763호).

83) 立法院 院總 제1749호, 委員提案 제13022호.

드의 이율을 낮추는 안'에 대해 "민법 제205조 수정 초안"[84]등을 발의하여 이미 3독을 통과하였으며 곧 실행될 예정이다. 이상의 의안 발의 및 실행을 통해 대만 여성국회의원들은 단지 '여성관련' 의안에 국한되지 않고 국민 생활 전반에 걸친 안건들에서도 중요한 기여를 하고 있음을 알 수 있다.

둘째, 여성관련 제도에 관한 질문사항으로, "여성당선할당제나 1/4성별비례원칙제도에 대해서 어떤 의견을 가지고 있습니까?'(有關女性當選保障名額制以及1/4性別比例原則制度, 如何看?)"라는 질문에 대해 유메이니 의원은 "당연히 찬성한다, 그렇지 않으면 여기(국회)에 들어올 수 없었을 것이며 인민을 위해서 어떤 역할도 할 수 없었을 것이다"라고 답하였다. 이예이진 의원도 "당연히 100% 찬성한다. 심지어 프랑스나 스웨덴에서 채택하고 있는 '남녀동등 의석제도(50/50)' 역시 적극적으로 지지한다. 왜냐하면 남녀가 각각의 특질이 있기 때문에 여성에게 50%를 부여하는 것은 여성의 가치를 위해 대단히 바람직하기 때문이다"[85]라고 하였다. 이들 외에도 대부분의 의원들이 이 제도에 대해 적극 지지의사를 표명하였다. 그러나 8선의 경력을 가진 국회의원으로서 현재 대만 국회의 부의장인 홍시오쭈 의원은 "여성할당 및 성별비례원칙보다 자신의 실력과 능력이 중요하다"고 역설했으며, 이례적으로 '행운'도 따라주어야 한다"[86]고 강조하였다. 이는 마키아벨리가 말하는 군주의 행운(fortuna)으로서 정치인에게 중요시된다는 것을 의미하는 것이다.

---

84) 立法院 院總 제1150호, 委員提案 제13079호.

85) 이예이진 의원과의 인터뷰(상동).

86) 그는 한국의 박근혜 여성대통령 당선인에 관한 화제로 대화를 나누다가 8선 의원의 경험으로 차기 대선에 도전할 계획이 없는지 묻자, "실력과 능력을 갖추고 있어야 무슨 일이든지 주어진 역할을 할 수 있다. 또 하나 중요한 것은 행운이 따라야 한다"고 하였다. (2013.1.10 오후5시10분-5시50분, 홍시오쭈 국회부의장 집무실에서 인터뷰).

셋째, "남녀국회의원의 의정태도와 안건발의에서 다른 점이 있는 가? 있다면 그 차이는 무엇인가?(觀察男女立法委員間政態度與提案是否 不同?有,差異是?)"라는 질문에 대하여, 추이룽 의원은 "남녀의 의안제 의에 약간의 차이가 있어 다투는 경우가 있다. 그러나 그럴 경우 최 대한으로 남성의원을 설득시켜 합의를 이끌어낸다"고 하였으며, "국 회 의정활동과 관련하여 남녀의 차이가 있는 것은 아니지만 여성들 을 경시하는 태도가 각 정당에 여전히 남아있다. 민진당은 이점에서 는 좀 더 개방적이고 국민당은 좀 더 보수성을 가지고 있다"[87]고 하 였고 홍시오쭈 의원은 "커다란 차이를 발견하기 어렵다"고 하였다. 추 의원은 체력의 한계에도 불구하고[88] 국민당 정부를 비판하는 대 규모 가두 행진에 열정적으로 참여함으로써 민주진보당의 진보적인 의정활동과 국회의원으로서의 역할수행에 최선을 다하는 것으로 보 였다.[89]

대만 여성국회의원들을 방문 인터뷰한 결과를 종합적으로 요약하 면, 대만의 전국구 여성 국회의원의 입법 활동과 역할은 높은 평가 를 내릴 수 있다. 혹자들은 여성당선할당제도 하에서 여성들의 국회 의석이 불로소득처럼 주어졌기 때문에 이들 여성의원들은 남성의원 들보다 국회의원으로서의 역할이 부족하다고 생각할 수도 있지만, 실제로 이들에 대한 필자의 인터뷰 결과 이들 의원들은 모두 자신의 영역과 전문분야에서 민생법안, 시민의 세제개혁, 부녀문제, 교통, 치 안 등 다각적으로 국민을 위해 노력하고 있고 법안통과, 시민의 청

---

87) 黃長玲 교수와의 인터뷰 (상동).

88) 추이룽은 국회의원에 당선된 후 종양으로 6개월간 병원에 입원했다가 다시 국정에 복귀하였 으며, 지역구인 까오슝과 타이베이를 오가며 활발히 정치활동에 임하고 있다.

89) 마잉주(馬英九) 총통의 실정을 비판하는 야당의 대형 가두시위[火大流行]. 10만 명이 모였다는 이 가두시위에 추이룽 의원은 그 중앙에 동참하고 있는 모습을 볼 수 있다. 『聯合報』, 民國102 년 (2013). 1. 12.

원사항의 해결을 위해 결혼할 겨를이 없이[90] 국회의원의 역할을 수행하는 것으로 파악되었다.

5. 결론과 시사점

하나의 새로운 선거제도는 기존의 선거제도를 바탕으로 하여 제정된다. 대만은 여성당선할당제를 처음부터 헌법에 명문화하였다. 이 제도는 50년이 경과하면서 많은 여론과 연구결과에 따라 수정보완을 거쳤으나 그 핵심은 여전히 초기제도에 토대를 이루고 있다. 국민들 또한 이 제도를 배척하기보다는 적극 받아들임으로써 그것이 지속적으로 유지되며 여성들의 권익을 증진하는 기틀이 되고 있는 것이다. 또한 하나의 제도가 등장, 정착되는 과정에서 인간행위의 역할이 중요한 것처럼 쑨중산의 여성 정치참여를 위한 남녀평등권 사상, 송메이링의 이에 대한 적극적 지지와 실행노력, 그리고 유순이 국회의원과 펑완루 민진당 여성부 주임의 노력과 희생을 통하여 여성당선할당제가 도입되고 유지, 발전될 수 있었음을 알 수 있었다.

당선할당제, 1/4성별비례대표제, 특히 최근 헌법수정을 통해 이루어낸 '전국구 국회의원 1/2정당공천제'는 명실상부하게 대만여성의 정치참여에 획기적인 변화를 가져왔다. 특히 현재 대만 여성들의 국회 진출은 이 제도의 실행 전과 비교할 때 약 10%가 상승하는 괄목할만한 성과를 이루어 대만의 전체 국회의원들 중 여성이 1/3을 차

---

90) 뤄수레이 의원은 본인을 비롯한 많은 국회의원들이 미혼상태인 점에 대하여 실제로 의정 일을 하다보면 너무 바빠서 결혼, 가정, 양육 등을 병행할 수가 없어서 결혼을 하지 못하고 있다는 심정을 털어놓았다. (2012.1.15. 오후 2시-3시, 뤄수레이 의원과 인터뷰).

지하게 되었다. 특히 7, 8대 국회의원들 중에 이 제도에 의해 국회에 진출한 전국구 여성 국회의원들의 입법 활동과 역할을 심층적으로 살펴볼 때 그들은 민생문제, 세금감소, 교육, 교사권익, 여성생활 등 국민들 삶의 향상에 크게 기여하고 있음을 고찰하였다. 또한 전국구 국회의원으로 당선된 뤼수레이 의원은 그가 입법 발의하여 시행하게 된 법규로 인해 불이익을 받게 된 이익단체들의 위협[91]에도 불구하고 다수 국민을 위해 독신의 몸으로 헌신하는 모습을 통해, 진정한 국민의 대표자로서의 바람직한 국회의원 상을 확인할 수 있었다.

　대만 여성들의 정치참여는 이웃나라인 한국과 일본, 중국과 비교하더라도 단연 앞서고 있으며 여타 세계의 선진국들과 비교해도 자긍심을 가질만하다. 특히 유럽 국가들이 실행하고 있는 남녀동등의석제도와 비교할 때 대만 여성들의 의정 진출 향상을 위한 제도는 안정화 되어가고 있다고 하겠다. 왜냐하면, 프랑스는 의회에 있어서 제도적으로 '남녀동등의석 수 1/2'을 이루어 내었으나 그 실행과정에서 여성의 의석비율이 오히려 하락하고 있기 때문이다. 프랑스에서 이와 관련된 법규에 따르면 각 정당들은 여성에 대하여 1/2 공천을 하지 못할 경우 벌금을 내도록 하고 있는데, 정당들은 오히려 벌금을 내면서 여성을 공천하지 않고 있는 실정이라는 것이다.[92] 한국은 국회의원 선거에서 각 정당이 여성을 30% 공천하도록 하고 있으나 프랑스처럼 정당에 금전적인 불이익을 가하는 것도 아니고, 정당법에 겨우 '노력사항'으로 명시하였기 때문에 실효성 없는 '솜방망이 법규'에 불과한 실정이다.

---

91) 뤼수레이 의원은 석유, 전기와 관련하여 국영사업, 타이띠엔(臺電) 등의 거센 반대에도 불구하고 예산을 삭감하는 등 소신껏 일을 처리하자 이익단체들이 많은 군중 앞에서 뤼 의원을 난처하게 하고, 심지어 전화로 위협하며 공포심을 조장하기까지 했다고 하였다. 뤼수레이 의원과 인터뷰 (상동).

92) 김은희, "프랑스 여성과 정치, 그리고 동수법제정", 『프랑스문화예술연구』제13집 (2005), p.4.

그럼에도 불구하고 대만에 있어서 여성들의 의정진출 기회를 향상시키기 위해서 도입된 제도들과 관련하여 여전히 보여 지는 몇 가지 과제를 지적할 수 있다. 첫째, '전국구 국회의원 1/2정당공천제도'가 보완될 필요가 있다. 즉 정당의 공천에 있어서 이 제도의 적용은 '선거민의 투표율 5% 이상을 득표한 정당'에만 한정되기 때문에 득표율 5% 미만의 정당은 이 제도의 적용을 받지 못한다. 그리하여 현재 이 제도는 거대 정당인 국민당과 민진당 에서만 여성 의원후보를 당선시킬 수 있고 군소 정당들은 전혀 이 제도의 적용을 받지 못하기 때문에 많은 비판을 받고 있는 것이다.[93] 따라서 그 개선방안으로 각 정당의 득표율 기준을 5%에서 2~3%로 낮출 필요가 있다. 그렇게 해야만 군소정당을 통한 여성의 정치참여기회도 실질적으로 열릴 수 있기 때문이다. 둘째, 민의대표 선거 외에 정부 고위 관직진출의 세 부분에서도 여성의 비율이 향상되어야 한다. 앞의 논의에서 명확해진 것처럼 여성할당제는 각종 민의대표 선거에만 적용된다. 그러나 나머지 총통의 내각 각료임명이나 정당공천, 정당의 주요간부 임명의 경우에도 일정한 비율이 여성에게 할당될 때 정치 분야에서 실질적 양성평등이 이루어질 수 있기 때문이다. 셋째, 교육훈련을 통한 여성 정치지도자의 양성이 시급하다. 정치현장에서 여성의 지위와 역할은 어떤 국가의 사회전체에서 여성의 지위를 나타내는 척도가 된다. 대만 여성은 지속적인 정치참여 향상을 위해 대학이나 대학원의 학교교육을 통하여 차세대 여성 정치지도자로서의 능력을 배양하고, 나아가 여성단체들도 다양한 교육 프로그램을 통해 여성 지도자를 꾸준히 양성해야 한다. 대만의 더 많은 여성들이

---

93) 王業立교수 방문, 2013. 1. 8. 9시20분-10시. 대만대학교 정치학과장실; 黃長玲 교수와의 인터뷰(상동).

정치에 대한 전문능력을 적극적으로 배양하고 경험을 익히며 그를 바탕으로 보다 적극적으로 정치현장에 참여할 때 그들은 미래의 대만 나아가 아시아를 이끌어 나갈 수 있을 것이다.

한국동북아 논총 제18집2호(2013)게재
(하영애 경희대학교/ 오영달 충남대학교)

4장
대만이 선호한 한국여성정치가 박순천의 사상과 리더십

박순천은 여성정치의 불모지라고 할 수 있는 한국에서 민주주의와 조국사랑이라는 투철한 정신으로 정치에 참여했던 여성이다. 한국여성정치가로서 5선 국회의원을 역임하였으며 통합과 조정의 리더십을 발휘하여 야당 민주당의 당수를 맡기도 하였다. 대만에서는 그의 정치력과 덕망을 높게 사서 당시 대만의 여성 국회의원이며 '태평양문화기금회(太平洋文化基金會)' 이사장으로 많은 이들에게 칭송 받던 여성인물 이종계(李鐘桂)에게 '대만의 박순천'이라는 호칭이 붙기도 하였다. 박순천은 어떤 인물인가?

1. 이론적 배경

사회운동(social movement)이란 한 사회에서 사회변동의 제 양상을 저지하거나 영향을 미치고자 하는 사람들의 광범위한 집합적 행동을 말한다. 기든스(Giddens)에 의하면 사회운동은 첫째, 민주적 운동으로서, 정치적 권리를 유지하거나 형성하는 데 관심을 가지며 둘째, 노동운동으로서, 노동현장의 방어적인 통제와 경제 권력의 보다 일반적인 분배를 변화시키는 데 관심을 갖는다. 더욱 중요한 것은 평화운동으로 민족주의와 군사력의 광범위한 영향에 도전하는 여성운동을 들 수 있다고 피력한다. 사회운동은 가치(values), 규범(norms), 구조(structure), 그리고 인간행위(human behaviors)라는 네 가지 요소를 포함하게 된다.

  첫째, 가치는 사회운동의 한 요소로서 사회공동체의 구성원으로서 인간이 추구하게 되는 요구(needs), 태도 혹은 욕구(desires)와 관련된 목표 또는 이 목표와 관련된 사물이라고 할 수 있다. 이러한 가치는 종종 많은 사람들의 그에 대한 수용이나 혹은 변혁을 거친 다음에 하나의 관념의 형성을 매개로 성취될 수 있다. 박순천의 정치사회운동의 가치관은 여성의 지위향상 추구, 민주주의 실천, 애국심(나라사랑)으로 피력할 수 있다. 둘째, 사회운동의 규범(norms)적 요소는 일종의 규칙(rule), 표준(standard), 혹은 행동양식(pattern for action)을 의미한다. 박순천의 정치사회운동의 규범은 민주주의와 애국애족, 정의심 등에 중점을 두고 있다. 셋째, 조직구조는 사회운동의 중요한 요소이다. 사회과학에서는 여러 가지 조직과 역할에 대한 정의가 있는데 가장 보편적인 정의를 개략적으로 살펴보면, 조직 또는 조직체계(Organization)란 특정한 목표를 추구하기 위하여 의도적으로 구성된 인간 활동의 지속적인 체계를 일컫는다. 박순천은 조직을 통해 힘을 가질 수 있다는 것을 경험적 사실을 통해 알고 있었다. 그는 자신의 가치관인 여성의 지위향상(추구), 민주주의 (실천), 애국심(나라사랑)등을 위해 건국부녀동맹의 창립, 독립촉성애국부인회 결성 및 대한부인회를 결성 하였고 특히 언론의 중요성을 인식하고 부인신문(婦人新聞)을 창간하였다. 넷째, 인간의 행위이다. 앞에서 말한 가치, 규범, 조직구조는 모두 사회운동의 정태적 요소이다. 이러한 요소들만 가지고는 그 사회운동이 제대로 기능을 발휘할 수가 없을 것이다. 그러므로 필히 인간이 개입되어 직위를 가지고 역할행위의 각종 활동을 할 때만이 비로소 조직체계에 동태적 현상이 발생하며 나아가 그 기능을 발휘하게 된다. 즉 사회운동을 포함한 하나의 조직체가 그 기능을 발휘하느냐 못하느냐 하는 것은 실제로 어떤 직위의 어떤 사람의 행위와 상당한 관계가 있다고 할 수 있다. 비록 똑같은 제도나 법규라 할지라도 그 집행자가 어떤 사람인가에 따라 긍정적 기능과 심지어 잠재적 기능(latent function)을 발휘하기 때문에 어떤 인물인가에 따라 결과적으로 다른 효과가 나타난다.

따라서 박순천은 국가에서 정치사회운동을 실천함에 있어서 어떠한 역할과 활동을 했는지 구체적으로 고찰해보자.

1) 박순천의 가치관의 형성

박순천의 가치관은 여성의 지위향상 추구, 민주주의 실천, 나라사랑 및 애국심으로 피력 할 수 있다. 첫째, 여성의 지위향상 추구이다. 우선 그녀의 고등교육의 영향과 아버지, 남편의 다양한 지원 그리고 수많은 독서에서 찾을 수 있겠다. 당시로서는 보편화 되지 않은 여성임에도 아버지의 영향으로 서당을 다녔고, 여학교 교육을 받았으며 교사생활을 하였고 일본으로 유학하여 일본여자대학교를 졸업하였다. 그는 이미 그 시절에 여성노동자를 위한 생리휴가 및 60일 산후휴가의 법규와 남성위주가 아닌 여성을 고려한 '간통 법'을 제정하며 소위 '박순천 법'을 통과시켰다. 둘째, 민주주의 실천이다.

어떤 사람이나 조직은 시대배경의 영향을 받는다고 할 수 있다. 1898년생인 박순천은 12살인 1910년에 담벼락에 붙은 벽보에서 한 일합병 소식을 듣게 되었고 아버지의 상투가 잘려나가고 그것을 본 어머니가 대성통곡을 하는 모습 등을 통해 그의 생애에서 항일민족 운동과 반독재민주화 투쟁의 '반항적 생애'를 살게 하였으며 3.1운 동은 총 7,509명의 사망자(일본 측 통계 536명)를 내고 15,961명의 부상자 발생, 피검된 사람은 46,948명이었다. 마산만세 시위를 주도 하여 검거된 후 도피생활을 시작했으며 이때 박순천은 1년 징역인 중형을 선고 받았다. 이 민족주의운동은 또한 민주주의운동으로 반 영되어 전개된다. 즉 그 후 박순천은 이승만의 개헌에 반대하였고, 1대 국회의원 출마 시 종로구에서 비록 떨어졌지만 2대에 다시 자 신이 원하는 종로구에서의 출마를 고수하여 당선되었으며 국회의원 시절에 남성중심의 국회를 빗대어 '홀아비 국회'로 비판하였다. 세 번째의 그의 가치관 형성은 나라사랑, 애국심이라고 할 수 있다. 애 국심은 한 민족이 타국으로부터 능멸 당할 때 일어난다. 일찍이 일 제시기에 박순천은 여학교 교사로서 한국교사의 급여 12원과 일본 교사 급여 24원에서 왜 차별을 받아야 하는가에 대해 저항하였으며, 급료차별폐지운동을 전개하였다. 그 후 다시 유학을 떠났고 일본에 서 남편 변희용을 만나고 귀국하여 시골 고령에서 살았지만 항상 일 본 경찰이 감시와 창씨를 강요하는 통에 만주로 갈 생각했다고 한 다. 그러나 일본인 소마부인이 보내온 "나무 잎은 그 나무의 뿌리에 떨어지지 않느냐"라는 편지글을 통해 자기나라를 떠나는 법이 아니 라고 타일렀는데 대해 감동받았다고 한다. 동아일보 논설위원이었으 며 평소 박순천에게 비판적이었던 송 건호는 신 동아에 게재한 박순 천과의 대담 글「박순천 씨」에서 "박순천 할머니에게서 받은 강한

인상은 민족과 나라에 대한 한없는 사랑과 민족과 나라를 위해서는
독선이 있을 수 없다는 굳은 집착의 일면이었다.”고 소감을 밝히고
있다.

2. 박순천의 정치사회운동을 위한 조직형성과 그 역할

1) 박순천의 개인 프로파일

박순천은 1989년 음력 9월10일 아버지 박 재형과 어머니 김 춘렬
의 무남독녀로 태어났다. 원래는 이름이 명련(命蓮) 이었는데 독립운
동 때 도피생활하다 얻게 된 '순천 댁'이라는 별칭을 사용하였으며
후일 이 이름 '순천'으로 계속 사용하게 되었다. 그의 개인 프로파일
에 대해 아래 <표-1>에서 볼 수 있겠다.

〈표-1〉 박순천의 개인 프로파일

생년월일	1898년 음력 9월10일 출생
가족배경	부:朴在衡 모 : 金春烈 (무남독녀)
학 력	부산진 일신여학교 졸업 일본 여자대학 사회학부 졸업 (1926년)
결 혼	남편 변희영 (일본 유학) 성균관대 총장역임
서 거	1983년 서거
자 녀	자녀 7명(3남 4여)

2) 박순천의 사회정치 조직형성과 그 실천

박순천은 여성의 지위향상과 민족주의, 민주주의를 향한 자신의
이상을 추구하면서 정치참여와 사회운동에 매진하게 된다. 주요 조

직형성과 그 실천으로 여성 단체조직과 반탁, 계몽운동전개, 교육을 통한 사회운동 전개, 다양한 정치조직 참여와 민주주의의 실천이다.

(1) 여성 단체조직과 반탁, 계몽운동전개

박순천은 실로 많은 단체에 참여하였다. 조선여자유학생 단체인 여자 학흥회 조직(회장 최 진상, 총무 박순천), 3.1독립운동 동참, 신탁반대, 독립촉성애국부인회(1946. 4. 5)결성, 대한부인회(1948. 4. 6)조직, 부인 신보사 창간(1947)을 비롯하여 다양한 여성단체를 조직하고 자신의 가치관에 따라 정치사회운동을 추진해나간다.

1948년 4월 6일에는 서울시부인회와 통합 및 확대 개편하여 '대한 부인회(大韓婦人會)'로 발족하게 되고 초대회장으로 선출되었다. 그는 이 기간 동안에 전국적으로 여성들에게 '내 이름 쓰기'를 전개하여 문맹률을 개선하였고 특히 대한 부인회는 색 버선 신기, '폭 넓은 치마나 화려한 옷 안 입기', '통일이 될 때 까지 옷고름 달지 않기'등의 신생활운동을 전개하였다. 이는 여성계몽 운동으로 보도될 만큼 높은 호응도를 보였다. 그는 또한 '여성운동을 효율적으로 전개하기 위해' 1947년 '부인신문'을 창간하고 발행인을 맡았다. 그는 '부인신문'의 창간호 발행을 위해 9일 동안 밤낮을 가리지 않고 심혈을 기울인 결과 '대한부인회 전국총회'날에 부인신문을 선보일 수 있었으며 '이는 우리 여성 운동사에 있어서 중요한 발전의 계기이며 동시에 오랜 "꿈의 성취"라고 기뻐했다.'

(2) 교육을 통한 사회운동 전개

박순천의 활동 중에 교육에 종사한 점을 뺄 수가 없다. 박순천에게는 일본여자대학 동창생이며 동아일보 여기자로 활약하고 있던 황신덕과 박승호(朴承浩)가 있었는데 1937년 동아일보가 정간되는 사태를 맞이하자 학교를 설립하기로 결심하고, 일본유학시절 하숙을 했던 소마 콧코(相馬黑光: 1876-1955)를 찾아가게 된다. 소마 씨의 도움으로 1940년 10월 경성가정여숙(京城家庭女塾)을 설립하고 황신 덕이 교장을 맡았고 박순천은 독립운동을 한 전적이 문제가 되어 부 교장으로 경제문제를 담당하게 된다. 이 경성가정여숙은 오늘날의 중앙여자중고등학교로 발전하였으며 그는 1947년에 학교법인 추계 학원(秋溪學園)이사를 역임하였다. 또한 정계를 은퇴한 뒤 1972년에 는 경기도 안양 근명 여자 상업학교(槿明女子商業學校)이사장을 역임 하였다.

그는 또한 서울 광진구에 있는 '육영재단의 육영수 여사 추모 사 업회' 이사장을 역임하였는데, 이 사업회에서는 미국으로 유학 가는 학생들에게 장학금을 지급하다가 80년부터는 대만 등 아시아국가 유학생들에게 장학금을 지급하기 시작했으며 박순천은 특히 결혼을 하고 유학을 가는 여학생들에게 학문의 중요성을 강조하고 격려하 였다. 박순천은 남편 변희용과 같이 12년 동안 야학을 지도하기도 하였다.

3) 다양한 정치조직 참여와 민주주의의 실천

정치인으로서 여성의 권익과 '민주주의의 실천'을 위해서 어떠한 활동을 했는가를 고찰해본다. 박순천은 왜 여의사나 교육자가 아닌 정치인이 되었을까? 그는 어렸을 적에 처음에는 여의사가 되고 싶어 했고 그 후에는 여성 항공인이 되고 싶어 했다. 그러나 본인이 원했 던 두 가지 직업을 이루지 못하고 정치인으로서의 길을 가게 된다.

그는 자신의 정계진출에 대해 자신이 정치에는 관여하지 않으려고 결심했던 사람이었는데 '대한부인회'를 탄압해서 그것 때문에 정치에 발을 들여놓았다며 자신의 의지와 무관하게 정치인이 된 자신의 입장을 밝히고 있다. 그의 정치생활은 제헌국회(1948년)때 종로 갑 구에 출마한 것에서 시작하였다. 당시 종로 갑 구에 출마 하였고 낙선하였으나 제2대에 다시 같은 지역에서 무소속으로 출마하여 당당하게 당선하였다. 그 후 그는 1958년 4대 국회의원, 1960년 5대 국회의원, 1963년 6대 국회의원으로 거듭 당선되어 여권신장, 민권수호, 민주주의의 실천을 위해 부단히 노력하였다.

특히 그는 남아선호사상, 가부장제도, 남성권위주의가 판을 치는 당시에 소위 '박순천 법'을 통과시켜 여성의 권익과 지위향상에 실질적인 효과를 가져왔다. 그는 이승만 대통령, 박정희 대통령들과 대응하면서 한국의 정치민주화를 위해서 야당 정당인으로서 다양한 조직을 결성하고 적극적으로 동참하였다. 이승만은 국회에서의 재선 가능성이 불가능해지자 이른바 '발췌 개헌안'을 통과시켰다. 이러한 자유당의 독재정치에 맞서 박순천은 이승만 정권과 결별하고 1955년에 민주당(民主黨) 창당에 참여하였고, 민주당 중앙위원회 부위원장에, 그리고 1956년에는 민주당 최고위원으로 선출된 이래 네 차례 연임되었고 정치권의 핵심적인 역할을 하게 된다. 특히 그는 여성정치인이 극소수였고 정당정치가 궤도에 오르기 이전의 정치발아기(政治發芽期)에 한국국회에서 정당 정치인으로서 역할을 함으로써 한국정치사를 바꾸는데 크게 기여 했다. 또한 민주당 최고위원, 민주당 당대표의 활동을 통해 민주주의 정착을 위한 다양한 투쟁을 하였으며 1965년 마침내 여성정치인으로서 '민중당(民衆黨) 당수'를 맡음으로서 '치마를 입었으나 남성 정치인 이상'이라는 말이 나오게 되었으며 한국 정당정치사에 새 이정표를 세웠다. 정당의 존재이유는 정권을 교체하고 정치권력을 확고히 하는 것이다.

그는 정당의 당수로서 대통령후보로 출마할 수 있었음에도 불구하고, 양심의 정치, 정의의 정치를 위해 그 자리를 윤보선에게 넘겨주는 진정한 정치인으로서의 모습을 보인다. 그 후 박정희 정부가 출범하고 1965년 7월 20일 박순천은 민정당 당수로서 박정희대통령과 여야영수회담을 하여 정국을 정상화시키는 등 강인함과 함께 유연함을 보여줬다. 그는 정치조직에 직접 참여하였고 특히 정당정치에 있어 양당체계를 성립시킴으로서 민주주의의 이상을 실천하였다.

3. 박순천의 정치사회운동에 대한 평가

우선 박순천의 정치사회운동에 대해서는 계몽운동으로 여성의 지위향상에 기여, 야당통합과 정당민주주의를 실천했던 선구자, 교육·외조자의 협력과 영향 그리고 그 외의 평가로 고찰할 수 있다.

첫째, 계몽운동으로 여성의 지위향상에 기여

서구 여성 지도자의 경우나 대만 여성정치인의 경우 남편이나 아버지의 죽음으로 혹은 그들의 영향으로 정치에 입문하는 사례가 빈번한데 이와 같은 경우를 '미망인 승계(widow's succession)'라고 한다. 이와 달리 박순천이란 정치지도자의 정치입문은 다양한 여성단체를 조직했던 경험이 크게 작용했다고 할 수 있다. 예를 들면, '대한여자 청년단'(1949.2) 단장으로 선임되었고 '대한 애국부인회'(1949.5) 총본부 회장을 6년간 역임하였고 반탁운동에 앞장섰으며 비상 국민회주비회, 기미독립선언기념 전국대회 준비 위원회, 독립기금 헌성회 등 각 종 정치모임에 여성대표로 참여했다. 그는 국회의원으로 당선되자마자 '축첩반대법규', '여성근로자들의 60일간 유급휴가'를 발의하고 통과시킴으로서 소위 '박순천 법규'를 마련하였으며 여성단체 활동을 통해 '각자 이름쓰기 운동', '색 버선 신기'등 여성들의 비인간적인 생활상을 개선하였다. 황영주는 박순천이 여성의 지위향상을 위한 계몽지도에 두었다는 주장은 타당한 것으로 보인다고 피력하고 있다. 다양한 활동을 통해 박순천은 여성의 지위향상에 적지 않는 공헌을 했다고 할 수 있겠다.

둘째, 야당통합과 정당민주주의를 실천했던 선구자

박순천은 정치사회면에서 많은 성과를 남겼다. 우선 이승만 대통령과 정치적 갈등은 야당국회의원 활동을 하는 계기가 되었고, 특히 1965년 민주당 당수로서 박정희대통령과의 영수회담을 통한 한국국교회복 및 베트남 파병문제에 대한 담판은 그녀의 정치적 능력을 나타냈다. 역대 지역구 출신 중 정치적 영향력과 지도력을 발휘한 지도자는 임영신(1, 2대), 박순천(2, 4, 5, 6대), 김정례(11, 12대)를 들 수 있는데 이중에서 박순천은 한국여성정치지도자 중 가장 오랫동안 정치에 참여한 5선의원이며 지역구에서 4번 당선 되었다. 그는 야당정치인이었으며 정당정치를 중요시했다. 무엇보다도 남성정치 중심에서 6개 정당을 통합하여 통합야당의 '민중당 당수'를 맡아 한 국정당사에서 '초대 여성야당 당수'를 기록하였고 남성들을 설득, 소통, 화해하는데 노력하였다. 뿐만 아니라 박정희대통령과 여야영수회담에서 보여준 그의 정치적 능력은 역할은 뛰어났다고 평가 할 수 있다. 특히 그는 민주주의의 가치관을 실천하기 위하여 노력하였다. 박순천이 타계한 후 정래혁 국회의장은 추모사에서 "나보다는 당을 위하여, 당보다는 국민을 위하여… 불굴의 정치소신을 펼쳤으며… 모든 사람의 기억에 영원히 남아 있을 것입니다."

박순천에 대한 많은 연구를 한 최정순은 박순천의 민주주의실천에 대해 "해암선생(박순천의 호)은 목적가치로서의 민주주의와 행동양식가치로서의 민주주의를 동시에 구현하는, 절차민주주의에도 투철한 의회민주주의자였음을 알 수 있다."고 높이 평가하고 있음을 알 수 있다.

셋째, 교육・외조자의 협력과 영향 그리고 그 외의 평가

예나 지금이나 여성정치지도자의 성공에는 남편의 외조가 절대적이라고 할 수 있다. 박순천의 성공 뒤에는 남편의 외조가 있었다고 보여 진다. 오랜 정치지도자 생활을 한 박순천에게는 초창기에는 여성 지도자나 단체의 회원들이 정치자금을 도와주어 정치자금에는 큰 어려움이 없었으나 20여 년간의 야당정치인 생활에는 어려움이 많았다. 남편 변희용은 아내뒷바라지를 위해 집을 팔아 선거비용에 보태었으며, 젊은 시절 박순천을 도와 12년간 함께 야학을 하면서 부인에게 정신적 물질적 도움을 준 반려자이다. 특히 4.19혁명을 승리로 이끈 대학교수단 258명이 "학생들의 피에 보답하자"라는 플래카드를 앞세우고 시위에 나섰을 때 맨 앞에서 플래카드를 들었던 사람이 권오돈 교수와 박순천의 남편 변희용 교수였다. 변희용은 당시 성균관대 교수로서 교수시국선언을 주도하였고 그 덕분에 4.19는 성공할 수 있었으며 이러한 공헌으로 변희용과 박순천은 각각 사후 2011년에 부부합장으로 4.19묘역에 안치되었다.

최근 박순천에 대해, 1943년 경성가정여숙 부교장으로 재직 시 일본의 학교를 폐교시킨다는 상황에서 여학생(김금진)을 일본군 근로정신대에 보낸데 대하여 부정적인 평가가 제기되고 있는데, '박순천'의 이름은 99명의 명단에 없고 다만 '황신덕'의 자료에 이러한 내

용이 있다. 그 자료에는 박순천이 김금진 할머니와 학교간부들과 찍은 사진이 한 장 있을 뿐이고, 그 후 김금진 할머니는 후지코시의 총알 만드는 군수공장에서 일하다 해방되어 귀국했다. 이는 오늘날 제기되고 있는 일본군 '위안부'와 '근로정신대'와는 구분할 필요가 있다. 또한 당시 황신덕은 교장이었고 박순천이 부교장과 서무를 담당하였다. 이러한 정황으로 볼 때 박순천에 대해 지나치게 폄하하는 것은 좀 더 신중할 필요가 있다고 생각한다. 왜냐하면, 민족문제연구소가 발간한 『친일파 99인』과 그 외의 자료에서 "박순천 부교장도 비슷한 말을 했다(인터넷에서 보여 지는)"라든가, 박순천이 직접 김금진 할머니를 종용했다는 내용은 보이지 않는다. 또한 당시의 상황이 '학교의 폐교'이기 때문에 학교운영을 책임지고 있는 운영자(교장)의 입장에서는 극단적인 폐교조치만은 막아야 하는 것도 해결해야 하는 시대적 난제일 수 있기 때문이다. 따라서 '제자를 정신대로 보낸 청기사, 박순천(朴順天)'이란 제하의 글에서 볼 때 이는 지나치게 비약하거나 너무 한 쪽으로 치우친 감이 없지 않다.

4. 결론

박순천은 계몽운동으로 여성의 지위향상에 기여했고 야당통합과 정당민주주의를 실천했던 선구자였다. 첫째 가치관의 확립과 실천이다. 일본 및 미국에서 고등교육을 받았으며 이러한 교육의 영향은 자신의 이상과 가치관을 확립하였고 이를 실천하기 위한 다양한 조직체를 만들고 적극적으로 노력하였다. 박순천은 애국부인회를 비롯한 여성단체조직과 정당을 형성하였으며 또한 박순천은 여성의 지위향상과 교육에 이바지하였다. 둘째, 통합과 조정 중립적 역할을 발휘하였다. 국가의 정당 사이에서 통합과 조정 및 중립적 역할을 하였다고 평가할 수 있다. 박순천은 이승만을 존경했지만 자유와 민주주의를 신봉했던 그로서는 이승만과 결별하기도 했고 또한 박정희와도 선을 긋고 집권여당과 맞서는 야당의 정당을 선택한다. 그는 6개의 야당정당을 통합하고 조정역할을 하였다. 그 정당의 통합과정에서 박순천은 민중당의 당수로 선임됨으로써 한국 정당사에 한 획을 긋게 된다. 동시에 한국여성으로서 첫 야당 당수를 지냈으며 5선 국회의원으로서 한국여성정치사에서 뺄 수 없는 중요한 인물로 자리매김하고 있다.

5장

2016년 ICW-ECM 회의의 대만 개최와 한국여성의 참여

2016년 ICW-ECM(Executive Committee Meeting) 회의를 11월14일-17일까지 대만에서 개최하였다. 세계여성단체협의회(International Council of Women, 약칭 ICW)의 ICW란 명칭은 이제는 한국사회에서도 익숙하다. 그 중요한 요인 중에 하나는 2014년 ICW회의가 한국 서울에서 개최되었을 뿐만 아니라, 한국에서는 이사 몇 명이 ICW에서 활동하고 있었는데, 2014년도의 한국 회의 이후 1년 뒤인 2015년 터어키 회의에서 한국인 김정숙 박사가 이 ICW의 회장으로 당선되었다. 김정숙은 죠지 워싱턴 대학에서 교육학 박사학위를 취득하였으며 한국에서 최초의 여성차관을 역임하기도 한 인물이다.

사단법인 한국여성단체협의회(Korean National Council of Women, 약칭 여협이라 부름)는 한국 내에서 가장 큰 규모와 오랜 역사를 가지고 있는 여성단체이며 통상 "여협"이라고 부르고 있다. 1959년에 설립되어 50여년의 역사와 65개 단체에 500백 만명[94]의 회원을 가지고 있다. 예를들면, 여성중앙회, 여학사회, 여성농업인회, 여성불교회를 비롯하여 최근에는 전국여교수연합회에서도 가입하여 활동하고 있으며, 국제관련 단체로는 한일여성친선협회, 한중여성교류협회 등이 있다. 전국 각 시도(市道)의 16개 여성단체협의회에서도 여협의 '협동회원단체'로 참여하고 있으며 매년 개최되는 전국여성대회에 참여하여 그 역할을 하고 있다. '여협'은 ICW에 가입되어있으며 이 '여협'에서 6년간 회장을 역임한 김정숙박사가 ICW 회장으로 당선된 것이다. 현재 '여협'의 회장은 최금숙박사이며 그는 이화여대 교수와 한국여성개발원 원장을 역임하였고 2015년 3월에 회장에 선출되었다.

한국 여협에서 이번 대만의 ICW-ECM 회의에 참석한 대표자는 김정숙 명예회장, 조순태 부회장, 한춘희 부회장, 이희복 회계이사, 최돈숙 기획위원장, 하영애 국제관계위원장과 한중여성교류협회의 박순애 부회장과 조순금 이사 등 7명이 참가하였다. 우리일행은 무엇보다 '한복'을 여행리스트의 첫 번째 항목으로 꼽았다. 비록 번거로움이 있기는 하였지만, 이 한복의 우아함과 화려함은 개회식은 물론 Gala Night을 겸한 폐회식에서 전 세계여성들의 의상보다 단연 크게 돋보였다. 필자가 회장으로 봉사하고 있는 사단법인 한중여성교류협회(社團法人 韓中女性交流協會)는 1994년에 설립되었고 역시 '여협'에 가입되어있는 65개 단체 중에 한 NGO단체로써, 대중국에 관한 여성교류에서 명일상부 한 역할을 하고 있다. 필자는 여협의 부회장(2000-2003)으로 당선되어 활동하였으나, 특히 이번 ICW-ECM 대만회의는 그곳에서 8년간 유학을 했던 경험도 있어서 여러모로 필자가 역할을 해야만 했다. 원래 논문발표는 '동북아의 정치참여-

---

94) KNCW(Korean National Council of Women) National Report(2016. 10. 14) ICW-ECM 발표 중에서.

한·중·대만여성의 지위변화'로 중국어 발표를 하기로 했는데 각 국가별 리포트 즉, 한국여협의 보고서 (KNCW of Country Report)는 영어로 발표해야 되고, 한국여성 16명의 참가자 중에 여협의 국제관계위원장에게 그 소임이 떨어진 것이다. '위기는 기회이고 발전이다'라고 생각하고 중국어 프리젠테이션 준비와 영어 국가별 보고서 준비를 위해 밤늦게 까지 노력하였다.

14일 오전에 개최된 ICW ECM 개회식에는 새로 당선된 차이잉원 총통이 참석하여 축사를 하였다. 그만큼 이 회의에 대한 관심을 표명한 것이다. 그도 그럴 것이 대만의 NCW의 회장 린다 리우 (Linda Liu: 劉怡君)는 ICW의 부회장이며 NCW에 가입되어있는 각 분야의 20여개의 여성단체회원들이 이 회의에 참여하였기 때문이다. 뿐만 아니라 NCW회원들의 역할은 3일간의 공식적인 회의 외에도 문화탐방을 포함하여 5박6일 동안을 세계의 여성들에게 대만을 알릴 수 있는 좋은 계기가 될 수 있을 것이다. 또한 NGO의 역할은 GO의 역할보다 더욱 끈끈한 우정과 민간 외교를 가져올 수 있기 때문이다.

필자의 주제발표는 첫날 오후에 있었다. 중국어의 주제발표에서는 현재 한국 여성국회의원 17%, 중국 여성 인민대표대회대표 23.4%, 대만 여성입법위원 38.1%에 대해 다양한 통계자료로 발표하였다. 그러나 향상된 변화에 머물지 말고 보다 나은 발전을 위해서는 한국은 GEM(Gender Empowerment Measure), GGI(Global Gender Index) 등을 통해 여성지위와 여성의원들의 정치참여 향상을 주장하였고, 중국 여성들은 부성장, 부총장, 부시장 등의 지위에서 성장, 총장, 시장으로 확고한 위치를 점 할 수 있도록 제시하였다. 특히 대만여성의 의회참여는 비록 아시아에서는 1위에 있으므로 많은 국가들의 좋은 평가들을 받고 있지만 유럽국가 중에서 프랑스와 스웨덴 등은 남성과 여성의 의회참여 비율이 50대 50인 만큼 이들을 본 받아 더욱 노력 해야한다고 강조하였다. 또한 '한국여성단체의 활동보고'도 밤새워 준비한 덕분에 시간 내에 잘 끝냈었고 각국의 참석자들은 '65개 단체에 500만 명의 회원'이라는 대목에서 부러움을 나타내기도 하였다.

대만여성들의 국제회의 참여는 대단히 적극적이며 열심히 참여하고 있다. 예컨대, 2014년에 태평양여성단체연합(Federation of Asia-Pacific Women's Association: 약칭 FAWA)회의가 한국의 서울에서 개최되었다. 한국여성단체협의회가 주최한 이 회의는 6일간의 다양한 일정과 함께 서울 롯데호텔과 프리지던트 호텔에서 개최하였다. 이 FAWA회의에 대만여성단체협의회(NCW of TAIWAN)에서는 회원 70여명이 참석하였으며, 현재 대만 대표부 스팅(石定)대표는 4,500만원의 거금을 이 행사에 후원함으로서 대만여성의 활동에 대한 관심과 열정을 나타내기도 하였다.[95] 30여년 전, 당시 대학원생이던 필자는 대만에서 여성들의 국제회의에 참여한 적이 있었는데 규모나 참여면에서 커다란 감동을 받은 적이 있었다. 이런 연유로 필자는 유학생들에게 공부도 중요하지만 많은 지역을 탐방하고 특히 그 나라의 다양한 활동에 참여해봄으로서 직접적인 체험을 갖는 것이 중요하다고 강조한다. 따라서 필자의 강의를 수강하고 있는 7개 국가의 10여명의 유학생들에게 이 FAWA회의에 참석하여 국제회의에 대한 경험을 해보도록 배려하였는데, 그들은 이후 각 국으로 돌아가 좋은 경험이 되었다는 편지를 보내왔다.

---

95) 대만대표부 石定대표는 FAWA 개회식의 축사를 통해 대만여성의 정치참여를 비롯한 다양한 분야의 여성 활동에 대해 설명하였고, 자연스럽게 세계여성들에게 대만을 어필할 수 있는 계기가 되었다.

국제회의는 이제 세계적으로 많은 국가에서 개최된다. 그중에서 여성NGO들의 활동은 각 국가의 민간외교에 적지 않은 역할을 하고 있다.

한국여성들은 ICW회장과 회원국으로서 다양한 활동들을 하고 있다. 또한 유엔에서 오래도록 활동하던 강경화박사는 유엔 사무차장으로 유엔사무처에서 3위의 서열에서 일하도록 보도되었다.[96] 세계는 넓고 할 일은 많다. 한국여성들의 국제사회참여와 더불어 여성단체와 개개인들도 다양한 국제회의 참여는 물론 외국어 향상에도 더 많은 노력을 기울이고, 또한 기회가 주어졌을 때 "그 때를 놓치지 말라"는 핀란드의 여성 대통령 할로넨의 '카르페 디엠(Carpe Diem)'을 새기면서 다가오는 2017년 3월의 유엔여성지위위원회 회의에도 한국과 대만여성들이 더욱 열정적으로 참여하기를 기대해본다. 그리고 UN에서 학습한 실천들을 한국은 물론 많은 국가의 여성들도 자국에 다시 전달하며 여성의 지위와 발전을 위해 노력을 게을리 하지 말아야 할 것이다.

---

96) 동아일보, 2016. 12. 17.

제 2 부

대만의 사회문화 : 성 평등

동아일보 3.8 부녀절 칼럼

1장

대만의 버스안내양: 자기 좌석에 앉아서 여유 있게 근무(두 나라 여성지위의 차이 보는 느낌)

'타이완'의 겨울은 축축하다.

자정이 넘은 심야. 창밖에서 후둑후둑 떨어지는 빗소리를 들으며 넘기던 책장을 잠시 멈춘다. 이곳에서 비행기로 두 시간이면 나의 조국에서 나를 따뜻하게 맞아줄 나의 가족들도 깊이 잠들어 있을 이 시간에 나는 異國의 방에 앉아 잠시 나의 지난날을 되돌아본다.

유학생활도 벌써 1년이 지나고 있다. 81년 2월 건국대의 박사과정 합격자 발표가 있는지 며칠 지나지 않아 대학원장실로 조재관 박사님을 찾아뵈었다. 어렸을 때부터 동시에 두 가지 일을 병행하기를 좋아하는 습관과 며느리가, 애기엄마가 한 푼 수입 없이 학교에만 다닌다는 것이 가족들에게 미안해서 고민하던 중에 조재관 박사님께 상의를 하러간 것이었다. 그때 박사님이 내게 해주신 말씀들이 충격으로 남아서 대만유학을 결심하게 되었던 것이다.

이제 다시는 들을 수 없는 그 목소리가 아직도 귀에 생생하다. "사람이 가운을 입어 몸에 맞아야지 크거나 작아서 기형이 된다면 얼마나 가관이냐. 너는 학위를 뭐로 생각하느냐 외형과 내형이 일치되지 않는 학자가 존경받을 수 있다고 생각하나. 석사과정 때는 여군 생활하느라고 공부를 소홀해, 이제 가정이 있고 애기가 있고 그리고 또 다른 일을 하면서 박사과정을 하겠다니 설사 3, 4년 후 학위를 받았다고 하자 그 무슨 뜻이 있겠느냐..."

교문을 나선 나는 어느 다방에 앉아 낙서와 눈물이 뒤범벅된 수첩을 꼭꼭 가슴깊이 새기면서 일어 날줄을 몰랐다.

그 후 몇 달 뒤 '타이뻬이'에서 대만대학 박사반 입학시험준비를 하고 있던 내게 뜻밖에도 은사님의 타계(他界)소식이 들려왔다. 이 무슨 청천벽력의 소리인가. 내가 그 은혜에 보답할 수 있는 일은 오직 합격하는 길 뿐이라고 입술을 깨물며 비통을 참았다. 벌써 83년. 벽에 산뜻한 새 달력이 걸려있다. 그러면 그동안 나는 무엇을 하며 무엇을 느꼈는가. 중국어에 귀와 입이 조금 트인 것 외에 대만에서 처음 받은 인상은 역시 대중교통수단인 버스에 대한 것이었다. 한국에서도 늘 타는 버스들이 왜 그렇게 신기하게 여겨졌을까. 아마 대만에 와서 버스를 타본 경험이 있는 한국인들은 우리와 색다른 것을 느끼지 않을 수 없었을 것이다. 겨울에도 에어컨장치가 되어있는 렁치차(冷氣車: 에어컨을 중국어로 冷氣라 한다)의 추위를 느끼는 이외에 버스양쪽 벽을 따라 두 줄로 우리나라의 설렁줄을 연상케 하는 줄이 걸려있어 이 줄로 승객과 운전사가 신호를 하는 것이다. 손 벨이 울리면 다음 정거장에서 하차(下車)하겠다는 뜻이 되는 것이다.

한국과 마찬가지로 대만버스에도 안내양이 있다. 안내양은 펜치같이 생긴 가위를 들고 승차할 때 손바닥크기의 카드 같은 버스표를 한 칸씩 떼는데 60칸으로 되어있는 이 차표의 전체크기는 우리나라의 학생회수권 5, 6장 정도에 불과하다. 그 학생표는 한 장에 대만 돈 3원씩(당시 우리 돈 60원정도), 전체가 180원으로 각 학교에서 살 수 있으며 고유의 표 번호와 사진을 붙이므로 교복을 입거나 안 입거나 관계없이 사용 할 수 있다. 또한 현금을 주고받는 번잡이 거의 없고 만약 표를 못 사서 10원을 내면 거스름돈은 돌려주지 않는다.

우리가 특히 주목해야 할 것은 안내양의 자리 문제다. 대만의 버스안내양은 그의 성역(聖域)(?)인 자리에서 일어나는 법이 없다. 비록 불친절한 느낌이 들어도 안내양이 졸고 있는 것을 이곳에서 본 사람은 거의 없을 것이다. 우리는 안내양이 졸고 있는 것을 보고 불쾌해하고 야단치거나 화내기를 곧잘 하는 것 대신 그들을 위한 근본적인 해결책을 강수할 수는 없는가.

피곤한 몸으로 졸고 서 있는 우리나라 안내양들과 대만 안내양의 그 여유 있는 모습에서 두 나라 여성지위의 차이를 발견할 수도 있지 않을까. 내가 몸담았던 여군에서도 두 시간 이상 보초를 세우는 법은 없었는데…

지난 일들을 생각하다보면 다시 조박사님 생각으로 돌아간다. 미국 '버클리'로 유학가실 때 그 뜻을 새기기 위해 손가락을 깨물어 남겨놓으신 '태평양의 등대'라는 혈서와 영어발음을 교정하기 위해 돌을 입에 넣고 공부하셨다는 그 의지를 나는 얼마나 따라갈 수 있을까.

(출처: 하영애, 동아일보,
거울속의 지구촌- 海外한국여성 隨想 -1983. 1. 15)

2장

'3·8 부녀절': 전국 직장여성들의 공인된 휴일로(8백13단체 백만여 회원 자축행사)

우린 일찍이 어머니에 대한 찬사를 많이 들어왔다.

'여자는 약하나 어머니는 강하다'라든지 맹자의 교육을 위해 세 번씩 이사를 했던 맹자의 어머니에 관한 이야기며 딸을 보면 그 어머니를 알 수 있다고 이야기할 정도로 어머니의 위치는 절대적이었다. 그렇다. 어머니 없이 이 세상에 태어난 사람은 아무도 없다. 특히 우리의 어머니들은 아이를 열둘씩 낳아 키우면서 가정살림을 도맡은 외에 논밭의 김을 매는 등 1인 다역의 고된 일을 했다. 그러면서도 요즘 여자들보다 오히려 아기들을 쉽게 낳았던 원인은 쉬지 않고 자연적인 운동을 했기 때문이 아니었을까.

그러나 오늘의 주부들은 어떠한가. 냉장고 세탁기 가스레인지 전기밥솥 등 여러 가지 편리한 시설에도 불구하고 파출부를 부르는 등 편한 생활을 하다가 급기야는 수술을 해서 아기를 낳는 촌극을 벌이는 실정이다. 결혼하기 전에는 꿈과 이상과 무엇인가 해보려는 의욕을 갖고 있던 훌륭한 여성들이 결혼하고 나면 스스로 모든 것을 포기해버리는 것은 웬일일까.

중 고등학교 교육을 받은 사람이나 대학을 졸업한 사람이나 심지어 대학원을 나온 여성 가운데도 계속적인 자기개발이나 자신이 받은 혜택을 사회에 되돌리려면 결혼이란 울타리 속에 자신을 안온하게 정박시켜버리는 경우가 얼마나 많은가. 이 까닭은 남성들의 반대, 사회의 몰이해, 국가적 제도미비에도 있겠지만 그것을 탓하기 앞서 가장 큰 원인은 우리여성 자신에게 있다. 자기 자신을 사랑하지 않는 것이다. 자신을 진심으로 사랑한다는 것은 편하고 나태하게 되는 것이 아니라 난관을 뚫고라도 발전을 도모하는 것이라고 나는 생각한다.

지난 8일은 '세계여성의 날'. 이곳 대만식으로 말하면 산빠푸뉘지에 '3 · 8 부녀절'로 갖가지 기념행사가 열렸다. 부녀절이 처음 '유럽'에서 정해진 것은 1911년이었다는데 이곳 대만선 1924년부터 이날을 기념하기 시작해 올해로 59회째를 맞이했다. 이날의 가장 특이한 점은 '여성들만의 공휴일'이라는 점이다. 공휴일은 정부의 행정명령으로 정해져있어서 전국의 직장여성이 이날하루 근무를 하지 않는다. 불가피할 경우 특근수당을 받게 되며 학교에서도 여학생들만은 수업을 빠져도 되는 걸로 교수들로부터 공식인정을 받을 정도다.

중화민국 '부녀반공연합회(婦女反共聯合會)'를 비롯하여, 전국8백13개 단체 1백만 명 이상의 여성회원들은 이날을 자축하는 대회를 하고 바자활동을 열어 그 수익금으로 고아원을 방문하며 단체별로 야유회를 가서 친목을 도모하기도 한다. 또 국가를 위해 공적을 세운여성, 자신이 사는 동네를 위해 애쓴 여성, 뛰어난 여성 기업가 등을 선정해 표창을 하는 행사도 있다.

이곳에선 여성들의 사회활동이 아주 활발하다. '중국가정교육협회(中國 家庭教育協會)'라는 단체는 '좋은 가정 훌륭한 자녀'를 표방하는 사회단체인데 62세 된 황유란(黃幼蘭)여사가 이사장직을 맡고 있다. 입법위원이며 대학교수이기도 한 이종계(李鍾桂)여사가 회장으로 있는 '태평양 문화기금회(太平洋文化基金會)'는 대만의 대기업들이 거의 모두 참여해 기금을 조성해서 세계 각국의 인재를 뽑아 장학금을 지급하고 있다. 71년 '유엔' 탈퇴로 국제 외교무대에서 고립될 수도 있는 대만이 끄덕도 않고 경제성장을 이루는 이면에는 이런 여성단체들의 힘이 단단히 한몫을 하고 있다고 해도 과언이 아니다.

또 한 가지 뺄 수 없는 것은 '장 라오스(張老師-장선생님)제도'이다. 우리나라의 '생명의 전화'와 비슷한 이 제도는 전국적인 규모로 수백 명의 남녀자원봉사자로 구성되어 누구나 어려운 일이 있을 때 즉시 전화다이얼을 돌려 '장 라오스'를 찾는다. 이들은 즉시 해결책을 알려주거니와 시간이 소요되는 일은 다시 약속을 하여 전화를 걸게 하거나 찾아오게 하여 거의 만족에 가까운 도움을 준다. 이들 '장 라오스'중의 한사람인 나의 기숙사 룸메이트는 수업은 빠지는 한이 있어도 그 전화 받는 시간만큼은 꼭 지킨다고 했다.

내가 부녀절에 관심을 갖고 물었을 때 어느 중국인 부인은 3·8절에 자신의 집에서 있었던 일을 들려주었다. 그의 남편이 "여보, 오늘은 내가 밥 할테니 당신은 쉬어"하면서 앞치마를 뺏고 아이들과 같이 준비한 선물꾸러미를 내놓더라는 것이다. 가정을 지키면서도 국가를 위해 봉사하는 '제가보국(齊家報國)'은 결코 어렵지 만은 않다는 걸 이곳 중국여성들을 보며 느끼게 된다.

한 사람의 인간으로서 사회로부터 받았던 은혜에 보답하는 길은, 남성뿐만 아니라 여성도 자신이 가지고 있는 능력을 사장할게 아니라 환원시켜 사회의 한 부분을 담당하는데 있다는 걸 그들은 확실하게 알고 있는 듯하다.

(출처: 하영애, 동아일보,
거울속의 지구촌 海外한국여성 隨想 -1983. 3. 19)

3장
남자들의 시장바구니 − '남자일'과 '여자일' 구분 않는 평등(아내 야근 땐 남편이 빨래 요리 예사)

　겨울에도 산더미처럼 쌓여있는 이름 없는 과일의 행렬은 열대지방 특유의 과일왕국을 실감케 해준다. 바나나, 파인애플, 별모양의 양타오, 부처님 머리모양처럼 생겼다 해서 석가, 안개 속에 자라나는 앵두 빛깔의 리앤우, 귤보다 더 맛있다는 리유띵, 일본고추만한 토마토, 중국 아가씨들이 제일 즐겨먹는 비타민 C가 풍부한 빠라…… 생긴 모양 색깔 맛 그야말로 각양각색의 과일천국이다. 그러나 중부에서는 돼지먹이로도 쓰인다는 바나나와 쌀을 제외하고는 모든 물가가 결코 서울보다 싸지는 않다.

　이처럼 풍성한 것은 과일뿐만 아니라 음식 역시 마찬가지이다. 언젠가 스님들과 같이 식사를 하러 어느 어느 음식집에 들어갔는데 내오는 음식이 하나같이 고기가 아닌가. 통닭이며 큰 접시에 그득한 통째의 생선하며…. 주저 없이 드시는 스님들이 이상해서 눈치를 보며 먹고있는데 '이 모두가 "두부"로 만들었으며 이 음식집은 육식은 취급하지 않는 "소채관(素菜館)" 임을 주지스님이 알려주신다.

　살의 맛과 모양은 물론 비늘 날개 뼈까지도 영락없이 같은데……
중국인들은 네다리 달린 의자만 빼고는 뭘 가지고든 음식을 만들 수 있다던 말이 생각난다.

이곳에 10년을 산 사람도 아직 먹어보지 못한 음식이 있다는가 하면 중국 사람이 1년에 먹어서 없애는 비용만으로 서울~부산 간의 고속도로를 만들고도 남는다던 기사를 어느 잡지에서 본 기억이 난다.

내가 어렸을 때 반에서 1등한 기념으로 자장면 한 그릇씩을 같은 반 친구 모두에게 한턱 쓰고 의기양양했던 그때의 중국집에 대한 추억과 오늘날 전 세계 어느 곳을 가던 빨간 사각 초롱대의 중국 음식점 간판을 쉽게 발견할 수 있는 사실을 생각하면 역시 그들의 음식기술의 폭 넓음을 인정하지 않을 수 없다.

이렇게 '식도락'을 제일로 하는 이들에게 어느 사이 조리의 특권이 남편들에게 이양되었을까.

타이뻬이 시장 어느 곳에서도 시장바구니를 든 남자들을 많이 볼 수 있다. '남자가 부엌에 들어오면 큰 인물이 못 된다'고 들어온 우리들에겐 이상하기 짝이 없다. 그들의 아내들은 어디에서 무엇을 하는가. 어째서 남편들로 하여금 시장에 찬거리를 사러오게 하는가.

조금 시간이 흐르면서 이곳 생활 여러 면에서 여자가 있어야할 곳에 여자 아닌 남자가, 남자들의 업무로 알고 있는 곳에 여자들이 근무하는 남녀평등을 발견하게 되었다. 가까운 예로 매주 토요일에는 박사반 필수과정인 '근대서양사상사' 강의가 있어서 교통부장관인 리엔짠(連戰)교수의 장관실로 수업을 받으러 간다. 수업시작 전에 차 대접을 받게 되는데 차를 들고 들어오는 사람은 예쁘고 젊은 아가씨가 아닌 늙고 마른 남자다. 물론 비서아가씨가 없는 것은 아니나 그 아가씨의의 주 임무는 서류처리 전화연락 등이다.

어느 날 우체국에 들렀을 때의 놀라움. 20여명 가까운 직원들 중에 남자들은 거의 볼 수 없었다. 우편행정으로 말하면 어느 나라 보다 신속 정확을 자랑하는 '타이완'. 어느 곳에는 빨간색, 파란색 두 개의 우체통이 나란히 있어 국제와 국내 시내와 시외 보통 속달로 구분하며 보통은 하루에 여섯 차례, 빠른 것은 1,2시간마다 한번 씩 수거해간다.

그밖에 중정국제공항의 많은 여자세관원. 3개 TV 국에서의 여성아나운서들의 주도적인 역할, 크고 작은 미장원에 거의 다 있는 남자미용사, 수많은 남자요리사 등등.

대만에서는 결혼한 부부의 95%이상이 맞벌이이다. 아기들은 탁아소나 유치원 혹은 동네아줌마(유료)에게 맡긴다. 설사 지출이 수입을 거의 상쇄해도 이곳 여성들은 직장생활을 그만두지 않는다. 교수부인들도 남의 아기를 봐 주는가 하면, 기숙사 청소부 아줌마의 남편이 현역 영관급장교라는 사실은 직업의 귀천을 전혀 가리지 않는 것 같다. 아내의 근무시간이 남편과 다르거나 야근을 하게 되면 시장을 가고 빨래를 하고 음식을 만드는 것은 대만의 남자들에게는 아주 자연스런 일이다. 그래서 그런지 1백여 명의 현직 여자법관, 입법위원 10명 중 한명은 필히 여자, 성(省). 현(縣). 시(市) 의원 10명 중에도 한명은 여자여야 한다고 제도화돼있다. 19세기 영국의 사상가이자 공리주의대가인 '죤 스튜어트 밀'은 여성참정권을 선도적으로 주장했다. 그러나 이보다 40년 앞선 1820년경 중국의 이여진(李汝珍)은 이미 남녀평등사상과 더불어 전족(옛날 중국여자들의 말을 작게 만들기 위해 천으로 발을 쌌던 것) 폐지, 여자의 참정 여자의 교육을 제창했다. 그의 사상이 이들 후손들에게 그 토록이나 영향을 미친것인가.

(출처: 하영애, 동아일보.
거울속의 지구촌 海外한국여성 隨想 - 1983. 2. 16)

4장

육신보살 – 사후 10년 만에 '습골'하는 풍습
(성불한 스님은 마치 산 사람 같아)

이런 중국고사가 있다.

옛 사천성에 아주 돈 많은 스님과 가난한 수도스님 두 분이 계셨는데 중국불교의 성지인 남해(절강성 정해현 동쪽의 바다로 그중에 보타산이 있으며 관음보살은 이곳에서 전해진 말이라 한다)에 가보기를 열망하고 있었다.

어느날 수도스님이 남해에 수행하러 떠나겠다고 하자 돈 많은 스님은 "나도 못가는데 당신이 어떻게 가려하느냐"고 묻자 빈털터리 스님은 "물병하나 밥공기 하나 목탁만 있으면 족하다."고 하면서 보타산을 향해 떠났다. 2년 후 그 스님이 다시 돌아왔을 때 돈 많은 스님은 배를 사지 못했다면서 아직 출발도 못하고 있었다는 것이다. 이 고사는 여러 가지를 시사해주고 있으며 특히 목표와 신념이 뚜렷했을 때 그 인생의 여로에는 항상 밝음이 기다리고 있음을 보여주는 것 같다.

대만인구의 90%이상이 불교도이다. 세계적으로 알려져 있는 1백 20척의 불광산 대불을 비롯하여, 석가모니불상이 제일 많고 우리와는 달리 일반인들도 가정에다 관우나 공자상을 모시고 있는 예가 적지 않다.

우리나라 불교는 1천 6백여 년 전 중국에서 들어왔으나 몇 해 전엔 우리나라 불교가 중국으로 들어갔다. 대만에 들어간 한국불교는 중국 절을 빌려 법회를 보아오다가 81년 11월 28일 처음으로 한국인 법당을 만들었다. 불상을 서울에서 모셔다가 법산 경일스님을 중심으로 교민과 유학생들이 주1회 법회를 보고 있다.

나는 대륙출생의 육신보살로 자항대사와 청엄 화상이 있음을 설법을 듣고 알았다.

육신보살(혹은 등신불)이란 인간의 몸을 그대로 가지고 있으면서 성불한 스님을 말하는데 죽어서도 그 시신이 변하지 않고 산사람과 같다고 한다. 그런데 이러한 육신보살이 얼마 전 출현해 큰 화제가 되었었다. 이 나라에서 가장 많은 독자를 가지고 있는 일간지 '중국시보'와 '연합보'가 크게 보도한 문제의 영묘스님은 지난 73년에 열반에 드셨으며 이곳 풍습대로 10년이 지나면 그 시신을 거두어 다시 습골 하여야 하므로 올해 1월 10일 제자들이 무덤을 열었더니 거기에는 짙은 단향냄새와 함께 입정하고 있는 엄숙 단정한 모습이 나타났다는 것이다. 몸은 보석의 호박색같이 투명하게 빛나고 수염과 머리 손톱 발톱 눈 등이 10년 전 세상과 인연을 거둘 때 와 똑같은 자태였다고 한다.

현대과학으로도 도저히 풀기 어려운 불가사의한 이 사실이 알려지자 모든 사람들의 경탄은 물론 참관객이 줄을 이었다. 대만에서는 20여 년 동안에 세 번째 있는 일로서 큰 화제가 되었다. 영묘스님은 대만성에서 태어나셨다. 어려서부터 불교를 신봉하고 스물여덟에 귀의하여 서른아홉에 출가하셨으며 국가의 안전과 백성을 위해 안국사를 창건하셨다.

생전의 영묘스님의 일상생활은 남들이 보기에 특수한 모습은 전혀 엿볼 수 없었으며 뛰어나게 무엇을 하려고 하지도 않고 또 남들에게 자기를 내보이려고 하지도 않는 평범한 수행만을 하셨다고 하며 임종 시엔 후일에 대해 아무런 말씀도 남기지 않고 자연스럽게 앉아서 좌선하는 상태로 열반에 드셨기 때문에 제례를 지냈다고 한다.

육신보살! 그것은 수행하는 이는 물론 우리같이 일반 신도에 있어서도 큰 관심의 대상이다. 따라서 영묘법사 육신보살의 소식은 나로 하여금 법당의 향냄새가 더욱 그리워지게 하였으며 가까운 거리의 청엄 육신보살이 계신 곳으로 달리게 하였다.

인간 정신력의 한계를 넘보는 좋은 계기요, 인간이 영원히 살수 있다는 반증이 아닐까하는 마음에서였다. 이곳에서 민속학 자료를 수집하는 시인 석성우 스님은 신라 때(서기675년경) 지장스님이 육신보살로 있었다는 자료를 최근에 수집하였다고 전해주신다. (대만대 박사과정 학생)

(출처: 하영애, 동아일보
-거울속의 지구촌- 海外한국여성 隨想 -1983. 5. 6)

5장

자유중국의 구정설날: 공휴3일... 개인회사는 보름씩 쉬어(폭죽. 무용 등 옛 풍속도 그대로 남아)

동양사회에 있어 전통적인 풍습, 오랫동안의 관습은 쉽사리 변경될 수 없는 것 같다.

그 중의 하나로 중국의 구정을 예로 들면, 우선 정부가 인정한 구정의 공휴일이 3일, 개인회사나 음식점 등은 15일간씩이나 휴무다.

중국인들의 가장 크고 주요한 명절인 음력설을 처음 맞이하는 나는 오래전부터 자기 집에 가서 과년(過年)하자던 '학우'의 청에 못이겨 서울에서 부산거리인 까오슝(高雄)에 갔다.

까오슝(高雄)은 대만 제2의 대도시이며 유일한 직할시로 인구 1백 20만명 정도의 항구도시다. 거리의 풍경과 송도를 연상시키는 바닷가의 정경 등은 부산과 비슷한 느낌을 준다. 장제스(將介石) 총통이 생전에 피서지로 썼던 西子灣의 행관(行館)과 중산대학 등을 둘러보고 시내로 들어오던 우리는 북소리 꽹과리 소리 폭죽 터지는 소리와 함께 한 마리의 길고도 큰 용과 마주쳤다. 그 유명한 무용(舞龍)이었다.

중국역사 중에서도 청나라 건륭(乾隆)과 자희태후(慈禧太后)시대의 설은 대단해서 동짓날 초하루부터 설 준비를 시작, 그믐날 저녁에는 온 식구가 둘러앉아 탄웬판(團圓飯)이란 음식을 먹었다고 한다. 또한 북방풍습은 구정에 장만한 음식을 얼려놓았다가 몇 개월을 두고 먹었으며 설날에는 만두를 먹는데 그중 한 개의 만두 속에 대추 은행 혹은 동전을 넣고 빚어서 그 만두를 먹게 되는 주인공은 1년 동안 운수 대통한다는 고사(故事)도 있다.

이러한 옛 구정풍습이 조금은 변질되었지만 아직도 몇 가지는 면면히 흐르고 있다. 그 첫째로 신년을 기쁘게 맞이한다는 뜻으로 그 믐날밤 12시를 기해서 수많은 가정에서 폭죽을 터뜨리기 시작하는데 2, 3분 간격의 그 요란한 폭음소리는 밤새도록 그칠 줄 모른다. 이 폭죽은 비단 구정뿐 아니라 평소 결혼식장에서도 반드시 터뜨리며 사람이 죽었을 때 에는 지방에 따라 약간 다르나 역시 폭죽을 쓰며 특히 '오대통당(五代通堂)'이라고 해서 5대의 가족이 사는 집안의 나이 많은 사람들이 별세(別世)했을 때는 슬픔이 아니라 기쁜 일로 여겨 가족들이 울지 않으며 그 영혼이 가는 길을 밝히는 뜻으로 폭죽을 터뜨린다. 즉 기쁠 때나 혹은 잡귀를 쫓는다는 뜻으로 이 폭죽을 터뜨린다.

둘째는 홍빠오(紅包). 예로부터 빨간색을 길조의 상징으로 했던 이들은 빨간 봉투에 빳빳한 새 돈을 넣어 우리의 세뱃돈처럼 주고받는데 이 홍빠오는 NT 1백 원 부터 몇 십 만원까지도 있으며 자식이 부모한테도 이 '홍빠오'를 드린다.

셋째 초이튿날은 '회낭가(回娘家)'로서 결혼한 여자들이 시집의 허가를 받아 친정에 가는 부인들을 위한 날이다. 오랜만에 모인 자매들은 시집살이의 여러 가지를 친정어머니께 보고(?)하고 실질적인 살림과 삶의 지혜를 터득하는 것이다.

그 외 화투와 마작 투전 등도 뺄 수 없는 사례이며 舞龍 (용의 춤, 사자 춤)놀이도 있다. 무용대(舞龍隊)는 상가를 다니면서 신년축하를 해주는데 용의 춤과 노래가 끝나면 상점주인은 준비한 홍빠오를 제사상 나물음식위에 올려놓아 용이 가져가게 한다. 이러는 동안 폭죽은 계속 터지며 흥을 돋운다. 옛날에는 용의 길이가 120척, 동원인원이 60명이었다고 한다. 올해는 구정이 일요일이어서 월요일이 자동적으로 휴일이 되는 보가(補暇)제도의 혜택을 받았는데 이 보가제도는 모든 공휴일에 다 적용된다. 구정의 옛 풍습이 짙은 이곳과는 달리 색동옷 입고 연 날리고 널을 뛰던 우리의 설날풍속은 사라져가고 있다. 우리도 정월 초하루를 쉬며 조상께 배(拜)할 수 있기를 기대해 본다.

(출처: 하영애, 동아일보,
거울속의 지구촌 海外한국여성 隨想 - 1983. 3. 5)

6장

중국인의 시간관념 - 식사 때 놓치면 사먹기도 힘들어(엄격한 '오수(午睡)' 규정. 남 방해(妨害)는 금물)

대만(臺灣)은 여러 생활면에서 서구식을 많이 받아들이고 있는 것 같다.

이들의 가옥을 보면 부유한 소수의 단독주택을 제외하곤 대부분이 아파트에서 생활하는데 첫째 우리 한국과 큰 차이가 나는 것은 침대생활을 한다는 점이다. 그래서 방안에 신을 신은 채 출입하는 곳이 많은데 마구 드나들 수 있어 편리한 반면 비록 작은 집 한간이라도 쓸고 닦고 정돈하는 한국의 생활습관으로 볼 때 이해하기 힘들 정도로 지저분한 점이 없지 않다. 그러나 이곳 교민이나 한국인 주부들이 입을 모아 칭찬하는 한 가지 좋은 점은 이들이 점심시간과 시장영업시간을 엄격하게 지키는 버릇이다. 보통 아침식사로는 '또우장'(노란 콩을 가지고 만든 우유 같은 콩국), '요우티아오'(油條:밀가루로 만들어 기름에 튀긴 길이30cm정도의 튀김과자), '샤오삥'(소빙(燒餅): 밀가루로 만들어 파와 깨를 뿌려 높은 불에 구워내는 짭잘한 밀떡), 빵, 우유와 흰죽이 주식으로 많은 사람들이 밖에서 사먹는다. 어느 미국인 학생이 자기가 나날이 뚱뚱해지는 이유로 중국에서는 길에서 눈에 뜨이는 것이 모두 음식이고 그것도 무척이나 맛있어

서 도저히 적정 식사량을 유지 할 수가 없다고 푸념 하는걸 들은 적
이 있다. 사실 음식점이 많고 흔 하기도 하다. 대만에선 보통음식점
은 세금을 내지 않는다는 것도 음식점이 많이 생기는 이유 중의 하
나일 것이다. 또 이들이 유달리 외식을 많이 하는 배경중의 하나는
집에서 해먹는 값과 밖에서 사먹는 비용에 큰 차이가 없는데 있지
않나싶다. 그러나 이렇게 음식이 싸고 손쉽게 사먹을 수 있는 한편,
채소까지 기름에 볶아 만드는 이들의 기름 과용 버릇으로 해서 일부
음식점에서는 그릇을 빨래용 세제로 씻는 비위생 문제를 불러일으
키기 까지 한다.

　대만에선 보통 낮 12시부터 2시까지가 점심시간이다. 오후 2시
이후에 점심을 사먹기는 무척 어렵다. 언젠가 선배들과 같이 어느
식당에서 점심을 먹은 뒤 오랜만에 모인 까닭에 시간가는 줄 모르고
얘기를 하고 있는데 느닷없이 전등불이 꺼지는 게 아닌가. 영업 끝
났으니 나가라는 간접신호다. 시장 역시 마찬가지다. 아침에 시장이
열렸다가 점심시간까지 영업을 하고 2시부터는 휴식, 저녁에 다시
장이 선다. 이것은 처음엔 불편하지만 습관이 되면 아주 편리하다.
없는 손님 기다리느라 파리를 날리며 시간 낭비하는 것보다 얼마나
효율적인가. 또한 대만시장의 특징은 '저울'을 충실하게 사용하는
점이다. 계란 채소 과일 등 무엇이든지 정확하게 무게를 달아서 팔
기 때문에 값을 깎느라고 상인과 고객이 승강을 벌이는 광경은 거의
볼 수 없다. 이곳에 온지 얼마 되지 않아서다. 한 근에 16원이라 써
붙인 포도 한 송이를 사려고 막 저울에 얹는 순간, 옆에 보니 송이가
더 굵고 먹음직스러운 것이 눈에 띄었다. 바꾸어도 좋으냐고 조심스
럽게 물었더니 주인이 쾌히 승낙을 해서 아주 고맙게 생각을 했는데
돈 계산을 하려니 18원을 달라지 않는가. 아 하 저울로 다니까 크든

작든 주인이 가만히 있었구나. 깨닫고 혼자 쓴웃음을 짓지 않을 수 없었다. 2시간의 중식시간 중에는 아열대지방 특유의 '낮잠' 자는 시간도 포함되어 있는데 이것을 아주 중요시 한다. 공무원들과 각 기관의 직원들도 책상에 엎드려 자거나 아예 베개를 직장에 갖다놓는 사람도 있다. 유치원 초등학교는 물론, 중 고등학교에서도 12시40분부터 1시20분까지 40분간은 '오수(午睡)시간'으로 엄격히 규정하고 있다. 그 시간에 설령 졸리지 않다 해도 떠들거나 옆의 친구들을 방해해서는 안 되며 엎드리거나 조용히 눈을 감고 있어야 한다. 연구소(이곳에선 대학원을 연구소, 대학원생을 연구생이라고 한다)에서도 대부분의 연구생들이 오수를 즐기러 기숙사로 돌아가곤 한다.

이때를 이용해서라도 본국학생들에게 뒤질세라 연구실에서 책과 씨름하며 '유학생의 아집'을 부려보는 이가 나 말고도 많이 있으리라. 한국에서 가장 유명하다는 포항모기보다도 훨씬 억세 스치고 지나가기만해도 금방 살이 부풀어 오르는 대만 모기떼와 함께 여름은 이미 성큼 다가오고 있다.

(출처: 하영애, 동아일보,
거울속의 지구촌 海外한국여성 隨想 - 1983. 5. 23)

7장

어머니의 사랑 – '오늘의 나'있게 한 가이 없는
보살핌(異國에 있기에 그리움 더욱 사무쳐)

5월의 두 번째 일요일은 세계적인 어머니날(한국은 어버이날).

어머니날은 미국의 '안나 자비스'에 의해 비롯된 것으로 1905년 그의 어머니가 속병으로 별세하자 슬픔을 가누지 못해 해마다 그날 추모식을 열고 사람들로 하여금 잊기 쉬운 어머니에 대한 경애심과 위대한 희생정신을 되살리게 했다.

그는 '어머니는 가장 고생을 많이 하고 가장 적은 보답을 받는다.' 며 편지와 전국순회연설로 어머니의 사랑과 희생정신을 일깨웠다. 1914년 마침내 국회의 동의를 얻어 5월 두 번째 일요일을 어머니날로 정하고 '윌슨' 대통령은 이를 공포하였으며 5월 9일(한국은 5월 8일)즉 두 번째 일요일 - '안나' 어머니의 제사일 이기도 한- 에 첫 어머니날 행사를 가진 뒤 현재에 이르고 있다. '안나'는 결혼하지 않은 '미혼의 84세'를 살고 갔다. 그가 만약 결혼을 하였다면 또 한분의 어머니를 만났을 텐데 그랬다면 오늘의 어머니날 유래는 달라졌을까. 여고시절에 '어머니의 손'이란 제목으로 교내백일장 시 부문에 당선되었던 적이 있다. '주름 잡힌 어머니 손에 불빛이 따사롭던 날 나는 마주잡고 울고 싶었습니다...'

고추 장사로 우리를 키우신 어머님. 학문과 교육에 전념하셨던 아버님께서 재정난으로 학교가 문을 닫자 성격이 활달하신 어머니께선 소매를 걷어붙이고 장사를 시작하셨다.

온갖 파란역경과 고생을 무릅 쓰고 10원 한 장을 아끼시며 우리 5남매를 남부럽지 않게 그 시골에서 대학공부를 시키신 우리 어머님. 벌레 먹은 이를 새로 하시라고 해도 한사코 거절하시며 막내가 졸업할 때까지는 계속 장사를 하시겠다는 친정어머니의 그 숭고한 정신은 늘 나의 채찍이 된다.

어머니의 사랑은 하늘과 바다에 비유되지만 시어머님의 사랑은 헤아릴 수 없다. 며느리를 혼자 외국에 유학 보낼 수 있다는 것은 동양사회의 관습으로 그리 쉬운 일은 아니다. 더구나 애기까지 키워주시며 가정살림을 혼자 맡아하시는 희생과 사랑의 깊이는 잴 길이 없다.

타이뻬이에 오기 전 어느 월요일 저녁. 여느 때 보다 일찍 퇴근한 나는 빨랫줄에 가득 찬 빨래를 보고 깜짝 놀라지 않을 수 없었다. 어제 내가 세탁물을 찾았을 때 분명 빨랫감이 없다고 하시지 않았는가. 까닭을 여쭤본 나에게 시어머님은 '애야! 나는 일요일엔 빨래도 일도 안하고 월요일에 하니까 한꺼번에 빨래가 많다. 내가 움직이면 아무래도 네가 따라할 것이 아니냐. 일요일에나 푹 쉬어야지...' '어머니!' 나는 콧등이 찡하고 더 이상 말을 잇지 못했었다. 이제 두 돌 지난 손주 녀석이 '중곡동 개구쟁이'로 힘이 센데다가 병원한번 안 간 것도 오로지 시어머니의 지극하신 정성 때문이다. 엄마젖 없이 우유로 자랐으나 당근 시금치 미역 새우 등 몸에 좋다는 12가지를 넣어 오래도록 푹 끓여 삼베에 짠 다음 그 국물에 우유를 타서 먹이신다. 여름철에는 매일, 겨울철에는 3일에 한번 씩 끓이시는 이 애정 담긴 대 작업. 과연 어떤 젊은 엄마들이 이렇게 영양적으로 위생적으로 알뜰하게 자식을 보살필까. 솔직히 나 자신도 그렇게 못할 것이다.

우리나라에선 고부간의 갈등으로 자살 등 극한 상황의 비극을 빚어 사회문제가 되는 경우가 많은데 이런 문제의 열쇠는 '서로의 양보'가 아닐까 생각한다. 희생을 전제로 한 사랑과 그 숭고한 사랑을 고맙게 느끼고 받을 줄도 알아야 하지 않을까 싶다.

얼마 전 이곳 교육부(문교부)에서 한국으로 유학 갈 학생들의 '한국말 테스트'와 필기시험을 맡아달라는 요청이 있어 도와주었더니 생각하지도 않은 수고비가 나왔다. 지출뿐인 이곳에서 뜻밖의 수입이 생긴 나는 그 봉투위에 '시어머님 보약대'라고 써 놓고 감사의 기도를 올렸다.

어머니날... 나는 오늘도 어둠속 새벽별을 보며 먼 시골 장에 나가실 친정어머니와 인자하신 시어머님을 위해 몸은 비록 먼 이국땅에 있으나 소담한 한 바구니의 카네이션이라도 보내드리고 싶은 마음으로 고국을 향해 절을 올린다.

(출처: 하영애, 동아일보
-거울속의 지구촌 海外한국여성 隨想 -1983. 5. 9)

제3부

권력구조, 한중대만 여성의 의회진출, 국가 정책

마잉주 총통과 하영애 교수

1장

대만권력구조에서 여성의 정치참여
- 의회의 동등의석수와 양성정치평등에 관하여

1. 서론

대만여성의 정치참여는 한국을 비롯한 주위 많은 국가들에게 제도개선을 통한 여성참정의 열기를 가져 왔다. 특히 19대 한국 여성 국회의원비율이 15.7%상승하는데 직간접의 계기가 되었다.

대만은 동북아에서 가장 일찍이 여성부총통을 선임하였고, 내각에서는 각료 30명 중 10명의 여성 각료를 배출하였다. 그리고 역대 각종 선거에서 4,699명의 여성의원을 배출하였다. 이러한 배경에는 헌법에 명시된 독특한 여성당선할당제도(婦女當選保障名額制度)가 영향을 끼쳤다고 하겠다. 2012년 대만여성의 정치참여의 현주소는 어떠한가? 1995년 세계 제4차 여성대회를 계기로 대만여성들의 권력구조에서 여성의 정치참여는 향상되었는가? 아니면 저하 되었는가? 그렇다면 그 요인은 무엇인가?

필자는 80년대 이 분야에 관한 연구 이후 잠정적인 연구과제로 미루고 있었으며, 최근 여성 정치참여가 대표성확대와 함께 의회의 동등의석수 구성 연구가 활발해지면서 대만여성들의 의회참여에 관한 학문적 호기심으로 이 주제를 선정하게 되었다.

권력구조는 정책을 결정하는 핵심구성원을 말하는데 누가 정책을 결정 하는가? 정책결정의 공식 주체로서 대통령, 국회의원, 고급 행정 관료를 포함하는 행정기관을 들 수 있다. 본 연구는 대만여성들의 의회의원과 각료를 중심으로 연구하고자 한다.

2. 남녀동수의 의회참여 논리와 각 국 여성의 의회참여

실비안느 아가젠스키(Sylviane Agacinski)는 저서 『성의 정치』에서 '남녀동수 의회구성'을 주장했다. 남녀동수참여는 법 앞에서의 평등- 즉, 형식적 평등과 실질적 평등에서- 법규에 명시된 것은 형식적 평등이기 때문에 이를 넘어 실질적 평등을 주장한다. 그녀는 성(性)적으로 특정화 되지 않은 선험적 개인들의 추상적 평등은 여성들이 사회생활과 정치생활에서 실질적으로 배제되어있는 상태를 완화해주지 못하며, 반대로 그 같은 상태를 은폐한다고 강조하고 오직 남자들만의 정치사에서 유래하는 기존 불평등을 바꿔놓기 위해서는 '혼성민주주의'란 어떤 것이어야 하는가에 대해 반드시 고려해야한다고 주장한다. 즉, 민주주의의 고전적 개념은, 투표권이 여성에게까지 확장된 이후에도, 당선자 수에 여성당선자들의 비율 규정의 필요성을 내포하지 않고 있다. 그러므로 권리평등의 개념도 민주주의 개념도 국회가 실질적으로 혼성이어야 한다는 것은 규정하지 않으며, 권력의 동등하고 공평한 분배는 더더욱 아니기 때문에 남녀동수참여의 개념만이 이 분배의 요구를 포함 한다는 것이다. 이런 이유에서 남녀동수의회참여는 민주주의의 실천과 원칙 고찰에 있어서 완전히 새롭고 독창적인 것이다.[1] 그러면 구체적이고 실제적인 방안은 어떻게 적용할 수 있는가? 그는 선거기능에서 남녀동수참여는 두 방식으로 실현될 수 있다고 강조한다. 그 첫 번째는 남녀동수의 당선자들을 구성하는 것이고, 두 번째는 남녀동수의 후보자를 공천하는 것이다.[2] 남녀동수의 취지는 전체적으로 혼성인 국민을 표상하기 위해서는 '국민의 대표'가 전체적으로 혼성이어야 한다는데 있다. 그러나 그는 국민의 대표, 곧 국회가 의무적으로 절반은 남성, 절반은 여성으로 구성하게 되어 입법부가 혼성이 될 경우, 각각 즉, 절반의 남성국회의원과 절반의 여성국회의원은 각기 남성 국민들과 여성 국민들을 대표할 것 이라고는 생각하지 않는다고 강조한다. 또한 진 커크패트릭(Jeane J. Kirkpatrick)은 저서 『Political Women』에서 진정한 정치평등은 양성평등을 포함해야한다고 주장하였고 또한 어떤 남성은 여성발언권의 향상을 주장하고 의회에서 친히 제의하기를 남녀는 마땅히 동등의 발언권을 가져야한다고 주장했다.[3] 이점에 관해서는 뒷부분에서 대만 여성의원들의 의안발의를 통해 분석해 본다.

세계 많은 국가 중에서 프랑스는 비교적 늦게 여성들에게 선거권과 피선거권을 부여하였으나 여성의원비율은 1966년에 5%이었다. 그러나 1999년 6월 28일 투표 결과 헌법에 "헌법은 선거에 의한 권한위임과 선출직 공무원에 남성들과 여성들이 동등하게 접근하는 것을 장려 한다"[4]라는 남녀동수원칙이 적용되어 빠르게 진전되었고

---

1) 실비안느 아가젠스키(Sylviane Agacinski)지음, 유정애 옮김, 『성의 정치』, (서울: 일신사, 2004), pp.7-10.

2) 실비안느 아가젠스키(Sylviane Agacinski)지음, 유정애 옮김, 『성의 정치』, pp.232-233.

3) 하영애, 『대만지방자치선거제도』, (서울: 삼영사, 1991), p.260.

4) 『성의 정치』, p.7.

동년 12월에 통과된 법률에 따르면, 인구 2만 5천명 이상의 지역선거에서 각 정당은 입후보자 명단을 남녀동수(50/50)로 하되 전체 입후보자를 6명 단위로 끊어서 각 단위에 남녀가 동수로 섞여야한다. 끝으로 각 정당이 이 같은 동등 대표성의 원칙을 위배할 경우 벌금을 물림으로써 의회선거에서 남녀동등수를 적용하도록 조정한다.5) 이러한 영향은 2001년의 선거에서 여성들이 의회참여가 대폭 증가하였고 여성시장도 11명이 증가하였다.6)

프랑스뿐만 아니라 오랫동안 많은 국가에서는 여성의 의회참여가 상당히 저조하였다. 특히 동양권에서는 일본, 한국에서 수 십 년 동안 국회차원에서 여성의원비율이 한 자리 숫자에 불과하였다. 이러한 각국여성의 저조한 의석수를 개선하기 위해 유엔에서는 제도적 기틀을 마련하였는데, 각 국가별 여성권한척도(GEM: Gender Empowerment Measure)를 명시하여 매년 측정한 결과를 발표하고 있다. <표-1>에서 2009년의 각국 여성들의 의회참여 현황을 살펴보면, 스웨덴이 47%로 가장 높은 비율로 여성이 참여하고 있으며 그다음 핀란드가 42%, 네덜란드 39%, 덴마크가 38%, 노르웨이와 벨기에가 공히 36%로의 여성의원비율로 의회에 참여하여 있음을 알 수 있다. 이들 국가의 여성의원 참여는 의회동수참여에 근접해 가는 측면을 볼 수 있는데, 이는 노르웨이의 법규에 모든 선거와 공천에서 남녀가 각각 최소한 40%가 선출될 수 있도록 규정하고 있고7), 대만에서는 헌법과 각 선거법규에 '여성당선할당제'8)를 명문화 하고 있으므로 여성

---

5) 『성의 정치』, p.8.

6) 주민 1만5000명 이상의 시의회에서 여성비율이 22%에서 47.5%로 급증하였고 여성시장은 33명에서 44명으로 늘었다. 『성의 정치』, pp.7-8.

7) In all elections and nominations at least 40% of each sex must be elected. 노르웨이의 집권당 법규 중에서.

8) 여성당선할당제(婦女當選保障名額制度)는 대만여성들의 의회참여에 중요한 지침이 되고 있다.

의원동수참여는 선거법규개정 등 제도개선과 입법기능이 중요한 경로라고 하겠다.

〈표-1〉 각 국가별 여성의원참여 현황

국가 별	스웨덴	노르웨이	핀란드	덴마크	네덜란드	벨기에
여성의원 비율	47.0%	36.0 %	42.0%	38.0%	39.0%	36.0%

자료출처: UNDP, Human Development Reports, 2010; 김민정, "한국여성과 정치-여성의 정치참여 방안", 한국 여성단체협의회 발행 자료집(2010. 3. 8.)

실비안느 아가젠스키는 국회에서 남녀동수의 혼성민주주의를 주장한다.

남녀동수참여는 성(性)적 차이의 정치적 해석에 속한다. ---정치권력이 남녀사이에 더 잘 분배되기를 바라는 이들도 그것을 실천하기 위한 조치들을 받아들이려 하지 않는다. 그 만큼 법규나 제도적 조치, 또는 입헌적 수정의 도움으로 혼성을 구성하는 것이 거슬리기 때문이다. 공공영역에서 개인들의 성별을 인정하지 말아야 한다면, 제도기관내의 남녀수의 문제를 제기할 근거는 더 이상 없다. 그 실천 방법들을 그토록 두려워하는 이들은 사실 목적 자체의 정당성을 거의 납득하지 못하는 것이다. 무엇보다도 여성으로 존재한다는 것이 인간이 존재하는 기본적인 두 방식 중의 하나라면- 국민은 어찌되었던 이 두 방식으로 존재한다는 것을 인정해야한다. 누구로부터 위임 받느냐의 문제인데 당선자들 중의 남녀의 공평한 비율이므로 남녀분리선거도 실시하지 않으며, 남녀 각각의 대표를 뽑는 것도 아니다.

중화민국 헌법 제134조: "각종 선거에서 여성의 당선 수자를 반드시 규정하고 그 방법은 법률로 정한다." 라는 헌법에 의해서 입법위원을 비롯한 각 선거법규에 최소 10~25% (성(省)의원 선거는 4명 중 1명을 여성의원으로 선출)의 여성의원을 선출하고 있으며 이 법규에 따라 1991년 당시 역대 4,699명의 여성의원이 선출 되었다. 하영애, pp.316-317. 참고.

남녀 모두 두 성 각각의 분리된 대표는 존재하지 않기 때문이다.

두 성 중, 어떤 한 성도 이 주권행사를 독점할 수 없다는 것을 의미한다.

여성당선할당제도는 대만의 선거 사에서 50년 동안 시행되어왔으며 적지 않은 여성들을 국회(입법위원)와 지방의회(성 의원, 현 시의원)에 직접적으로, 그리고 지방자치단체의 현 선거에 간접적인 영향을 끼쳤다고 하겠다. 그러나 이는 [당선할당]에 그쳐 이제는 필요 없다는 일부 입법위원들의 견해도 있으나, 아직은 필요하며 심지어 지속적으로 추진되어야한다는 주장이 강하다. 기실 여성당선제도는 여성의 의회참여에 최소한의 가능성과 희망을 가지게 했으며 수 천 명의 여성의원들을 배출하였다. 이제 이제도에 더하여 [양성정치평등]을 위한 의회의 동등의석수 비율을 갖게 됨으로서 '여성당선할당'의 소극적 조치에서 '성별 동등 수 할당(성별비례원칙)'의 진정한 성별평등을 가져오도록 해야 한다.

하나의 제도의 존폐여부는 다른 가치관의 반증에 영향을 끼친다. 국민이 그 제도의 가치(배척하느냐, 받아들이느냐)에 따라 그 제도가 존속하고, 아무리 양호한 제도라도 그 반대로 지속되지 않는다. 양성평등권은 즉 남성, 여성이 모두 같다. 평등은 자유주의의 핵심가치이다. 평등의 의의의 하나는 [서로 같고 평등의 대대(相同與平等對待, same and equal treatment)], 특히 동등한 법률대우를 받지만 그러나 '齊頭式(제두식)의 평등'은 처음부터 진정한 평등이 아니다. 왜냐하면, 생물결정론이던지 혹은 사회구조론이던지 모두가 남녀양성의 차이가 존재 하는 것을 인정한다. 다만 성별차이의 관점이 다르다. 사회가 추구하는 양성평등은 차이의 공평원칙을 존중해야하며, 齊一式(제일식)의 평등이 아니다.

'여성의원 당선보장제도(婦女當選保障名額制度)'는 대만여성의 정치참여의 중요한 근간이 된다. 여성당선보장제도란 각종 의회의원선거에서 남녀가 같이 출마할시 여성은 조직, 자금, 사회경력에서 남성보다 열세하므로 일정비율을 여성에게 할당하여 최소한의 여성이 의회에 진출할 수 있도록 한 대만의 독특한 선거제도이다. 이는 헌법에서 규정하고 있으며(헌법 제134조), 이 제도에 의해 대만여성의 의회참여는 수 천 명에 달함으로써 한국, 일본 등 주위국가의 부러움을 사게 되었고 많은 연구에서 인용되었고 제도를 답습하여 적용하였다. 최근에는 또 한 번의 특수한 제도개선을 통하여 동북아시아 여성의회에 신기원을 마련하였다. 이는 선거법규에 '소수민족과 여성의 보장제도'를 명문화 하고 있는데, 즉 소수민족과 여성의 참정권리를 확보하기위하여 각 급 민의대표선거에 원주민과 여성후보자의 최저당선수를 규정으로 보장 한다[9]는 것이다.

3. 국가수반 및 국회의 여성참여

1) 국가수반에서 여성참여

국제사회에서 국가의 최고수반인 대통령에 활동하는 여성들이 적지 않다. 필리핀의 아로요 대통령, 핀란드의 할로넨 대통령 등을 들수 있다. 대만에서는 2000년에 천수이볜 내각에서 아시아 최초로 여성 부통령(부총통)에 민주운동가이자 1979년 대만 미려도 사건(麗島事件)[10]의 중요한 한사람인 여수련(呂秀蓮, 뤼오쉬오롄)이 당선되어

---

9) "少數族群與婦女的保障", web.cec.gov.tw/files/11-1000-37-1.php. (검색일: 2012. 11. 8.)

대만민주정치의 신기원을 마련하였다. 여수련은 지방자치단체장인 도원현의 현장을 지낸 정치인으로 당시 대남현의 현장 진당산(陳唐山)과 도원현 현장 여수련 두 사람 중에서 천수이볜은 러닝메이트로 같은 당적을 가진(一定同黨, 반드시 같은 정당) 민주진보당의 여성 현장을 선택하였다. 여론조사를 통하여 각각의 자질과 장단점을 검토한 후 여론조사에서 가장 우수한 득표를 한 여수련을 후보로 지명하게 되었다. 이는 또한 대만의 5개 현 중에서 두 번째로 큰 도원현 현장 여수련의 정치관록과 여성, 청소년 등의 표밭을 고려한 점도 한 요소라고 하겠으며, 가장 중요한 것은 미려도 사건과 관련되었던 연로한 계층의 표와 지지율 역시 고려 대상이었다. 이처럼 대만의 10대 대통령 선거는 민진당의 천수이볜과 여수련을 당선시킴으로서 51년만의 민주적 '정당교체'라는 의미와 여성부총통을 선임한 진정한 민주정치제도를 실천할 수 있는 의미 있는 선거로 기록되었다. 또한 내각의 30명 중 10명의 여성각료를 선임함으로써 여성정치참여의 진면목을 보여주었으며 한국, 중국, 일본 등 동북아 여성정치사에 신기록을 가져왔다. 재미있는 것은 과거에 한국에서도 야당인 민주당 당수로 박순천 씨가 여성당수를 역임하였고 또한 대통령후보로 출마하였으며, 김옥선 의원, 홍숙자 씨 등이 여성으로써 일찌감치 대선후보로 출마한 적이 있다.

여성의 정치참여 활성화를 위해서는 어떠한 선거에서든지 여성후보자를 많이 내는 것이 절대적으로 필요하다. 여성부총통을 배출한 대만은 2012년 1월에 대통령 후보로 민진당(民進黨)에서 여성 차이잉원(蔡英文)을 대통령(총통) 후보로 내세웠다. 이러한 대만의 여성 정치참여는 선거제도와 여성들의 경력 등이 이들로 하여금 국가의 최고수반에 도전장을 내도록하였다. 차이잉원은 당시 대통령 마잉지우

---

10) 미려도 사건은 1979년 12월 10일 대만의 까오슝(高雄)에서 발생하였으며, 이를 계기로 '대만 독립'세력이 태동하였다.

와 경선에서 비록 당선되지는 못했지만, 경선의 경험은 그가 4년 후의 선거에서 총통으로 당선되는데 직·간접적인 경험을 안겨 주었다.

2) 국회의원(입법위원)에서 여성의 참여현황

(1) 역대 입법위원후보자와 당선자

대만은 민국 58년(1969년)에 최초로 증액 입법위원 선거[11]를 개최하였는데 전체 입법위원후보자는 총 25명이었으며 이중 여성위원은 4명(16%)이었다. 당선입법위원은 총 11명이었으며 그중 여성위원은 1명으로써 9.1%였다. 1972년에는 전체 후보자 55명 중 여성후보자는 6명(10.9%)으로 당선자 총수 36명 중 여성위원이 4명으로 11.1%를, 1975년에는 총 후보자 61명 중 4명(6.6%)으로, 당선자 총수 37명 중 여성위원당선자는 전임 대와 같이 4명으로(10.8%) 다수 높은 비율을 차지했다. 80년대에 들어와서는 입법위원 후보자수가 대폭 증가하였다. 즉 1980년 입법위원 후보자 총수는 218명이었는데 여성후보자수는 17명으로서 7.8%였으며, 1983년에는 후보자 총수 171명 중 여성위원후보자는 22명으로 12.9%를 나타내었다. 1986년에는 후보자 총수 137명 중 여성후보자는 12명으로 8.8%의 비율을 나타내었다. 그 결과 당선자는 1980년에 총 당선자 70명 중 여성인원수는 7명으로 10%였다. 1983년에는 당선자 총수 71명 중 여성당선자는 8명으로 11.3%로서 가장 높은 비율이었으나, 1986년에는 총 당선자 수 73명 중 여성은 7명으로 다시 9.6%로 하락하고 있는 실정이다.

---

11) 증액입법위원이란 대만의 중앙선거(국민대회대표선거, 입법위원 선거, 감찰위원 선거)에 대해 중국대륙에서 선출된 의원들이 종신으로 의원직을 가지고 있었기 때문에 '증액의원'(增額, 의원수의 증가)이란 명칭을 써왔다.

<표-2> 대만 국회의 여성 국회의원 당선자 현황

연도별	후보자 수			당선자 수		
	총수(명)	여성인원(명)	%	총수(명)	여성인원(명)	%
1969년	25	4	16	11	1	9.1
1972년	55	6	10.9	36	4	11.1
1975년	61	4	6.6	37	4	10.8
1980년	218	17	7.8	70	7	10
1983년	171	22	12.9	71	8	11.3
1986년	137	12	8.8	73	7	9.6

자료출처: 하영애, 『지방자치와 여성의 정치참여』, (서울: 삼영사, 2005), p.156.

1990년대는 여성운동의 발전기라고 할 수 있다. 특히 한국에서는 이 시기에 다양한 제도적 조치들을 통해 여성의 정치참여가 전환점을 가져오는 계기가 되었고, 그 제도도입에 대만의 당선할당제도 기폭제가 되었다. 대만에서는 이 시기에 여성정치에 어떠한 변화가 있었는가? 1992년부터 2012년까지 각종 선거를 통해 분석해보자.

<표-3> 대만 국회의 여성 국회의원(입법위원)후보자와 당선자 현황

년대	역대	후보자			당선자		
		남성	여성	비율(%)	남성	여성	당선비율 (%)
1992년	2대	-	-		161 명	17명	9.5
1995년	3대	347 명	50 명	12.6	141 명	23명	14.0
1998년	4대	412 명	86 명	17.3	182 명	43명	19.1
2001년	5대	474 명	110 명	18.8	175 명	50명	22.2
2004년	6대	396 명	96 명	19.5	178 명	47명	20.9
2008년	7대	302 명	121 명	28.6	79 명	34명	30.1
2012년	8대	279 명	131 명	31.9	75 명	38명	33.6

자료출처: 臺灣 立法院 (http://zh.wikipedia.org/wiki) 자료,
　　　　　주한 대만대표부 신문조 자료제공을 바탕으로 필자가 재정리.

여성의 의회의석수확보를 위해서는 각종 선거에서 여성 후보자가 관건중의 하나이다.

<표-3>에서 보는바와 같이 1995년의 3대 입법위원 선거부터 여성 후보자수에 주목할 필요가 있다. 3대 입법위원선거에 여성후보가 50 명이었는데 4대에서는 86명으로 껑충 뛰었고 5대에서는 다시 110명 으로 늘어났다.

1992년 2대 입법위원은 당선자 총수 161명 중 여성위원이 17명 당선되어 그 비율은 9.5%였다. 3대(1995년)에는 여성위원이 14.0%, 4대에는 19.1%로 상승하였는데 2001년도인 5대부터는 20%를 선회 하였고(22.2%) 2008년부터는 30%를, 그리고 2012년 1월 4일 선거 에서는 33.6%로써 역대 가장 높은 여성비율을 보이고 있다.

세계 각 국의 여성정치참여를 연구한 결과를 보면, 선거제도와 정 당법규에 여성 쿼터제를 적용하고 있는 국가의 여성의 의회참여비 율은 두드러진 반면, 그렇지 않는 국가의 여성의회참여는 대단히 저 조한 것을 알 수 있다. 특히 대만은 일찍이 '여성 당선 보장제도'를 헌법과 각종 선거법규에 규정함으로서 동북아 여성정치참여에서 한국 과 일본 보다 의회의원의 비율이 크게 앞서왔으나, 중국보다는 그 비 율이 낮았다.(대만은 1986년까지 입법위원 중 여성입법위원 의석수는 평균 9.6%였으며, 중국은 제1,2대는 12%였으며 3대부터 11대까지 평균 20% 이상이었다.)[12] 이러한 대만이 불과 20여년 만에 중국까지 제치고 33.63%의 의석을 확보한 중요한 요인과 근거는 무엇일까?

첫째, 제도의 개선이었다. 대만은 1990년 중기에 헌법조문을 증보 수정했는데, 즉 지방제도법과 주요정당내규에서 부녀보장제도에 대 해 모두 획기적으로 규정을 수정하였다. 즉 "헌법증보 수정조문 제5

---

12) '중국 역대 인민대표회의의 대표인 수와 성별구성' 참조.
   中國社會中的女人和男人-事實和數据(2007), 國家統計局社會和科技統計司, p.107.

조: [입법위원와 각 정당의 당선명단 중에서, 여성의원의석을 2분의 1 보다 낮게 해서는 안 된다](憲法增修條文第5條: 「不分區立法委員, 各政黨當選名單中, 婦女不得低於1/2」)"라고 명문화하였다.

이는 여성입법위원대표수와 그 비율을 국가에서 책정함으로서 여성의 국가권력 체제에 커다란 위상을 높여 주었다. 이러한 규정에 의해 국회의 여성의석비율은 지속적으로 상승하였다. 뿐만 아니라 2012년 여성입법위원은 38명이 당선되어 33.63%를 기록하여, 제7대인 2008년의 입법위원 113명 중 여성위원이 34명으로 30.09% 보다 3.5% 증가하였다. 이는 매년 총 여성국회의원이 증가하고 있는 바람직한 현상으로 가까운 이웃국가 한국, 일본, 중국 모두가 타산지석으로 삼아야할 중대한 변화이라고 하겠다.

둘째, 여성특별기구 건립이다. 특히 마잉지오 총통은 재선으로 당선된 이후에 여성문제에 특별한 관심과 노력으로 커다란 변화를 시도하였다. 양성이 평등한 권력을 갖도록 하기위해서 '성별평등정책강령(性別平等政策綱領)'을 마련하였고 그 실천을 위해 국가차원에서 특별기구를 설립하였는데, 이 '성별평등정책강령'의 내용은 [권력, 결책과 영향력]에 관해 전반적으로 피력한 후 5개 정책강령과 함의를 명시하였다. 즉, 1. 권력의 평등: 직위 상에 있어서 성별차이의 축소 2. 결책의 평등: 참여에 있어서 성별영역의 저하 3. 영향력의 평등: 결책에 있어서 성별 민감도 구비 4. 성별간의 평등건립과 성별내의 평등 건립 5. 아시아의 표준과 근간으로 국제사회의 궤도접근 동시에 구체적 행동의 실시이다.[13] 또한 각 부회(부서)에서 구체적으로 행동적인 시행이 있기를 기대하고, 여성의 사회와 정치참여의 기회를 보장하였다.

---

13) c.ey.gov.tw/News_Content.aspx?n=4F80950EF52341B3&sms=4ABB9A64AF5D421F&s=D60998CD 1E103897 (검색일: 2012. 11. 10).

4. 여성의원의 입법 활동과 발의내용

국회의원이 된 이후 여성들은 의안발의를 통해 입법기능을 수행한다. 여성관련 법안을 제의하고 상호토론을 통해 법률로 만들어지며 이 법률의 공포와 집행을 통해 국민들의 실생활에 반영되기 때문에 의원의 입법기능은 실로 막중하다. 특히 여성의원의 경험은 의원발의에 어떤 영향을 끼치는가 이론상 관념상 철저히 여성해방운동을 지지하면, 당연히 여성의 일체의 경험을 포용하지 않을 수 없다. 여성의 경험은 확실히 대만의 입법의원들에게서도 나타났다. 21명의 여성위원 중 4명을 제외하고 나머지 17명의 여성의원들은 오로지 여성의원들만이 여성의 요구와 가치를 이해하고 있음을 알 수 있고 여성대표만이 여성의 실제적 처우와 개선 책략을 심각하게 반영할 수 있다고 제기하였다. (17명 여성의원 모두 동의하였다.) 남성의원과는 상대적으로 여성위원들은 열심히, 책임감 있고, 세심하고, 이념을 가지고 있고 풍부한 정의감을 가지고 있었다. 그 외에 법안발의에서 남녀양성 역시 차이가 있는 것으로 나타났으며 남성의원과는 상대적으로 다수의 여성입법위원들은 확실히 여성과 열악한 의제에 주목 하고 있다는 연구결과를 나타내었다.

대만의 입법원회기 중에 여성입법위원들의 발의 내용에 관해 제4대 입법위원의 발의현황을 살펴보자.

법안 명칭	발의시간 년. 월. 일	주요 발의자	연대서명자	총 발의인 중 여성발의자 수(%)
양성공작평등법초안 (兩性工作平等法 草案)	1988. 11. 02.	章仁香	朱鳳芝, 洪秀柱 등 20인	100%
	1988. 10. 26.	蔡明憲	許榮淑. 翁金珠 등 6인	85.71%
	1988. 09. 28.	周雅淑	翁金珠. 王雪峰 등 6인	100%
	1988. 09. 28.	葉憲修	沈智慧, 翁金珠 등 16인	94.12%
	1988. 06. 08.	朱鳳芝	沈智慧, 洪秀柱 등 6인	100%
	1988. 03. 23.	王雪峰	葉宣津	100%
성소요방지법초안 (性騷擾防制法 草案)	1990. 06. 01	周雅淑, 藩維剛 등 14인	張蔡美, 徐少萍 등 10인	91.67%
	1988. 03. 16.	藩維剛, 蕭金蘭 등 5인	朱鳳芝, 沈智慧 등 15인	95%
특수경우부녀가정 보조조례가사사건법 (特殊境遇婦女家庭 扶助條例家事事件法)	1988.06.15	江綺雯, 藩維剛 등 29인	許榮淑, 王雪峰 등 10인	100%
	1989. 07. 04	葉宣津	王麗萍, 周清玉 등 7인	100%
	1989. 06. 30.	鄭寶淸. 賴士葆	侯惠仙. 秦慧珠 등 8인	80%
민속친속편1052조 수정 초안 (民法親屬編1052條 修正草案)	1989. 07. 18.	黃昭順	王笠婷 楊瓊瓔 등 10인	100%
	1989. 11. 14.	朱鳳芝, 許素葉	遊月茵, 廖婉汝 등 11인	100%

<표-4>에서 보는 바와 같이 제4대 입법위원의 회기 중 몇 가지의 여성권익과 상관된 법안을 다룬 것을 알 수 있다. 이는 양성공작평등법초안(兩性工作平等法 草案), 성소요방지법초안(性騷擾防制法 草案), 특수 경우 부녀 가정 보조 조례 가사 사건 법(特殊境遇婦女家庭扶助條例家事事件法), 민법 친속 편 1052조 수정초안(民法親屬編1052條 修正

草案) 등이다. 이러한 법안발의는 여성의원 외에 남성의원들도 공동 발의, 공동서명을 하고 있지만 여성이 제안한 발의는 총의안 중 85%-100% 사이인 것을 알 수 있다. 이는 여성의원들이 여성 관련 의제를 중요시하며, 제안은 확실히 여성의 요구를 반영하고 있다고 하겠다. 기본적으로 양성이 의정상의 태도와 제안발의에 차이가 있 고 또한 방문 인터뷰한 여성의원들은 이익과 권력에 집중하지 않는 다고 했으며, 그러므로 더 많은 여성이 정치에 참여하여 정치 환경 을 개선하고 의회의 발의의 기풍을 강화해야한다고 답변하였다.

5. 결론

진커크패트릭은 일찍이 정치에 있어서 양성평등을 주장했다. 그 는 의회에서 최소한 남녀가 동등수로 발의를 해야 한다고 주장했다.

본 연구는 대만의 권력구조에서는 국가수반과 의회의원을 고찰하 였다. 대만은 동북아 최초의 여성 부총통(부통령)을 선임하였다. 즉 대만의 도원현 현장 여수련은 지방자치단체장을 했던 여성으로 내 각의 두 번째 위치를 맡아 이끌어 나갔다. 또한 대만의 입법위원들 중 여성위원들은 계속 상승하여 33.63%로써 대만의 입법부에서 3 분의 1이상이 여성의 심성을 대변하며 여성의 지위향상에 노력하고 있다. 이러한 주요 요인으로는 제도의 개선, 여성특별기구의 건립이 주효했다고 할 수 있다.

또한 여성위원들은 회기 중 여성의 권익과 상관된 법안을 많이 다 루고 있음을 알 수 있었으며 이러한 요인이 바로 각국의 여성들의 양성평등을 위하여 의회에 남녀 동등 의석수의 제도를 도입해야하 는 논거이기도 하다.

2장
한중대만여성의 정치참여와 국가 정책

1. 서론

  여성의 정치참여란 일반대중여성들의 정치의식·사회의식·역사의식 등을 고양시키고 여성정치지도자를 양성하여 의회와 내각은 물론 행정 각 부서에 이르기까지 여성이 적극적으로 참여하는 것을 의미한다. 이처럼 여성의 정치참여는 다각도로 논의될 수 있으나 구체적으로는 유권자로서의 정치참여와 지도자로서의 정치참여로 나눌 수 있다. 20세기 초에 대부분의 국가에서 여성도 남성과 같이 투표권을 행사하게 됨으로서 뒤늦게나마 유권자로서는 동등권을 갖게 되었다. 그러나 지도자로서의 여성의 의회참여는 대단히 열세하며 특히 권력핵심에서의 여성의 참여는 극소수에 불과하다. 여기에서의 권력핵심은 정책을 결정하는 핵심구성원을 말하게 되는데 누가 정책을 결정 하는가? 일반적으로 정책결정의 공식주체로서 대통령, 국회의원, 고급 행정 각료를 포함하는 행정기관을 들 수 있고 비공식주체로는 이익집단·정당·언론기관, 그리고 개인으로서의 국민 등을 들 수 있다. 본 연구에서는 공식주체인 한·중·대만의 의회의원에 대해 연구해본다.

한국과 중국은 지리적 근접성과 더불어 다방면의 교류가 증가 하고 있으며 특히 1995년 이후부터 양국여성들은 문화교류, 친선교류, 상호방문을 비롯하여 학술교류도 다양하게 전개하고 있다. 중국여성 관련 연구로는 조수성, 장공자, 하영애, 王萍·史東云 등의 연구가 있으며14) 이현출과 김원홍, 김은경의 한국여성의원에 관한 연구15)를 비롯하여 김민정의 여성정치참여에 관한16) 연구가 있다. 이들 연구는 여성의 정치참여에 관한 이론정립과 의정활동과 성차에 관해 설득력 있는 자료를 제공해 주고 있다. 또한 최근에 강장석의 국회의원 비례대표제도 연구와 김영진의 중국전국인민대표대회에 관한 연구는 의회연구에 중요한 지침이 되고 있다.17) 그러나 한중양국과 대만 여성의 의회진출에 관한 세 나라에 대한 비교 연구는 극히 드물다.

일반적으로 중국여성의 사회진출은 높은 것으로 알려져 있는데 의회진출은 어떠한가? 특히 세계 제4차 여성대회 이후 많은 나라에서 여성의 정계진출은 향상되었고, 여성정치의 사각지대라고 할 수 있는 한국에서도 괄목할만한 성과를 가져왔다. 그러면 대회를 주최한 당사

---

14) 『한·중여성의 지위』, 제1차 동북아여성학술회의 자료집 1, 2. 이화여대 한국여성연구소, 숙명여대아세아 여성연구소 공동개최, 1993. 12. 1-2.; 조수성 "중국 여성의 정치·사회참여 연구", 『중국연구』14집, (서울: 한국외국어대학교 중국연구소, 1993); 장공자, "중국 여성의 사회·정치적 역할", 『한국동북아 논총 제1집』, (전남: 동북아학회 발행, 1996); 하영애, "외국의 선거제도와 여성의 정치참여 현황", 『韓中社회의 이해』, (서울: 한국학술정보(주), 2005); 王萍, 史東云, "從兩性比較的視角透視當代中國婦女參政", 山西高等學校社會科學學報, 第17卷 第6期 등이 있다.

15) 이현출, "여성의원의 의정활동과 성차: 17대 국회의원 조사결과를 중심으로"; 김원홍·이현출·김은경, "여성국회의원이 국회를 변화시키는가?", 한국학술진흥재단 수행연구(KRF-2005-042-B00004)

16) 김민정, '한국여성과 정치-여성의 정치참여 발전방안', 『여성』, 2010 통권 458호. (서울: 한국여성단체협의회, 2010).

17) 강장석, "사례연구를 통한 제18대 국회원내갈등의 성격과 갈등관리의 행태분석", 『의정논총』 제4권 제2호, (서울: 한국의정연구회, 2009); 김영진, "중국전국인민대표대회 개혁과 협력방안", 『의정논총』, (서울: 한국의정연구회, 2008) 등이 있다. 강정석의 연구는 의회의원의 활동에 관한 실질적인 분석으로 이 분야의 연구자들에게 적지 않은 참고의 가치가 있다고 하겠으며 또한 김영진의 연구는 중국의 전인대를 이해하는데 중요한 참고자료를 제공한다.

국인 중국여성들의 의회진출은 어떠한 변화를 가져 왔는가? (특히 95년 전후를 비교하여 증가 하였는가 감소하였는가?) 이러한 문제들은 필자로 하여금 학문적 호기심을 갖게 되었고 한·중·대만 여성의 의회진출에 관해 제도적 고찰을 시도하게 되었다. 또한 1995년 북경에서 개최된 제4차 세계 여성대회에서 제정된 북경행동강령의 이행조치라는 '강력하고도 실질적인 제도'를 통해 각국에서의 여성의회진출과 여성의 사회참여에 어떠한 변화를 가져왔는지 고찰 해 본다. 연구의 논의를 위하여 북경행동강령의 이행에 대한 배경을 살펴보자.

유엔은 지난 35년간 멕시코(1975), 코펜하겐(1980), 나이로비(1985), 북경(1995)에서 네 차례의 세계여성회의를 개최하였다. 특히 1985년 나이로비회의 에서는 '2000년을 향한 나이로비 여성발전 미래전략(Nairobi Forward-Looking Strategies for the Advancement of women to The Year 2000)' 372개항을 채택하고 세계 각 국이 이 전략을 이행 할 것을 촉구하였다.[18] 1995년의 세계 제4차 북경여성회의는 그 참석인원수와 규모면에서 전 세계의 이목을 끌었다. 미국의 영부인 힐러리 여사를 비롯하여 한국 등 수개 국가의 영부인들이 참석하였고 GO(Governmental Organization) 15,000여명과 NGO(Non-Governmental Organization) 30,000여 명 등 총 45,000여명이 참석하였으며 한국에서도 700여명이 참석하였다. 수많은 워크숍이 연일 개최되었으며 GO와 NGO의 의견을 수렴하여 '북경행동강령'을 채택하였다. 이 '북경행동강령'은 '전략목표와 조치(strategic objectives and actions)'에 초점을 두고 있다. 즉, 나이로비에서의 '2000년을 향한 나이로비 여성발전 미래전략'의 종합평가와 검토에 근거하여

---

18) 강선혜 외 1명, 『북경행동강령 이행조사 보고서 2000』, (서울: 한국여성개발원, 2000), 연구배경과 의의.

2000년까지 남녀평등이 실현될 수 있도록 12개 관심분야에서 '2000년을 향한 나이로비 여성발전 미래전략'의 '이행을 촉진하기 위한 전략목표와 행동계획'으로 구성되었다.[19] 뿐만 아니라 이 북경행동강령은 국가적, 지역적, 국제적 차원에서 발전계획과 여성 통합을 목표로 하는 행동계획과 미래전략을 채택하였고 이러한 여성향상을 위한 행동계획과 공동목표는 전 세계를 하나로 결집시키는 역할을 하였다.[20]

그렇다면, 북경행동강령이라는 국제규범이 어떠한 경로를 통해 국내에 영향을 미쳐 국내 정치의 제도적 변화에 이르게 되었는가? 또한 1995년 12월 「여성발전 기본법」 제정이 북경행동강령의 영향을 받아 제정된 것과 어떤 상관관계가 있는가? 이에 대해 『북경행동강령 이행 보고서』 조사연구에 따르면, 한국에서는 북경세계여성회의의 후속으로 가장 먼저 취해진 조치인 '여성의 사회참여 확대를 위한 10대 과제'를 1995년에 채택하였다[21]. 이 10대 과제중의 하나로 「여성발전기본법」을 제정하는 계기가 된다. 즉, 「여성발전기본법」이 제정되게 된 것은 대통령 자문기구인 '세계화추진위원회'가 21세기 세계화·정보화시대를 맞아 국민의 삶의 질을 향상시키고 여성의 사회적 역할과 지위를 향상시키기 위하여 "여성의 사회참여확대를 위한 10대 과제"를 마련하였는데, 그 과제 중 하나로서 「여성발전기본법」의 제정추진을 1995년 10월 대통령에게 보고한 것이 결정적 계기가 되었다.[22] '세계화추진위원회'는 여성의 사회활동참여율이 급증하였으나 사회전반에 여성차별적인 의식과 관행이 상존하는 현실을 개선하기 위해서는 여성의 지위를 향상시키고 남녀평등을

19) 강선혜 외 1명, 『북경행동강령 이행조사 보고서 2000』, pp.1-2.

20) http://blog.daum.net/nowetalk/6426551

21) 강선혜 외 1명, 『북경행동강령 이행조사 보고서 2000』, p.125.

22) http://blog.daum.net/nowetalk/6426551

종합적으로 유도하는 여성정책을 뒷받침할 수 있는 법적 근거가 필요하다는 것을 제안하였다. 신한국당에서 주양자, 강선영, 정복순 의원 외 20인의 발의로 「여성발전기본법」안을 국회에 제출(1995.12.7.)하였으며, 새정치국민회의도 손세일, 조세형, 이우정 의원 외 58인의 발의로 「남녀평등기본법」안을 국회에 제출(1995.12.9)하였다. 이에 따라 국회 행정위원회는 법안 심사소위원회를 구성하여 법안을 검토하고, 관계자 회의, 여성계 의견수렴을 거쳐 「여성발전기본법」안을 대안으로서 의결하였다. 행정위는 「여성발전기본법」(대안)을 <본회의>에 상정하였고, 법사위원회 심사를 거쳐 국회 <본회의>에서 이 법안이 의결되었다. 한국여성의 법적, 제도적 다양한 지위향상을 가져온 「여성발전기본법」이 마침내 1995년 12월30일 대통령에 의해 공포되었다. 시행령(안)은 당시 김장숙 정무장관(제2)에 의해 입법예고(1996.5.13)되고, 공포(1996.6.29)되었다.[23]

특히 북경행동강령은 12개의 구체적인 항목[24]을 정했는데 본 논문에서는 북경행동강령중에 권력 및 의사결정과 여성(7항)과 여성향상을 위한 제도적 장치(8항) 두 개 항목에 대하여 중점적으로 고찰해본다. 왜냐하면, 북경행동강령의 이 두개항목의 전략적 조치를 통해 각 국 여성의 의회진출은 향상 되었으며 한국의 '비례대표 공천할당제' 역시 그러한 맥락에서 제도화되었고 학계와 여성단체들의 끈질긴 여론화, 행동화, 단결화로 이루어내었기 때문이다.

---

23) http://blog.daum.net/nowetalk/6426551

24) 북경행동강령은 총 6장 361항으로 구성되어있다. 제1장 임무의 기술, 제2장 세계적 구도, 제3장 주요관심 분야, 제4장 전략목표와 행동, 제5장 제도적 조치, 제6장 재정적 조치이다. 12개 관심분야 항목은 (1)여성과 빈곤, (2)여성과 교육훈련, (3)여성과 보건, (4)여성에 대한 폭력, (5)여성과 무력분쟁 (6)여성과 경제 (7)권력 및 의사결정과 여성 (8)여성향상을 위한 제도적 장치 (9)여성의 인권 ⑽여성과 미디어 ⑾여성과 환경 ⑿여아 이다. 한국여성개발원 발행, 『유엔여성지위위원회 50년과 한국활동10년』, 1977. pp.185-191: 정책자료95-7, 『유엔 제4차 세계여성회의 참가 보고서(1995. 9. 4-15, 북경』, 정무장관 (제2실) 발행.

2. 이론적 논의

우리는 제도를 연구할 때 가치·규범·구조와 인간행위 4요소를 필히 분석하지 않으면 안 된다. 이들 요소 중 가치와 인간행위는 실질요건이라 할 수 있으며, 규범과 구조는 형식요건이라고 할 수 있다. 이 4요소를 간단히 살펴보자.

첫째, 사회과학중 가치(Values)에 관한 보편적인 용법은 인간의 주관에 따른 필요(needs), 태도 혹은 욕망(desires)과 상관된 목표 또는 이 목표와 관련된 사물이라고 말할 수 있다. 가치관은 많은 사람들이 받아들이거나 혹은 변혁을 거친 다음에 왕왕 하나의 제도의 형성혹은 발전의 힘으로 조성될 수 있다. 따라서 본 논문과 관련하여 가치를 말하면 하나의 선거제도 즉, 당선할당제도나 정당비례대표제도의 탄생은 사회대중의 가치관(받아들이느냐 혹은 배척하느냐)에 의한 영향을 받지 않을 수 없다. 둘째, 규범(norms)은 일종의 규칙(rule), 표준(standard), 혹은 행동양식(Pattern for action)을 일컫는다. 본 연구의 주제는 의회진출에 관한 제도적 고찰이다. 그러므로 규범은 정부기구가 제정한 법률위주가 된다. 즉 헌법, 신·구 선거법규, 각종 법칙과 세칙이 연구범위가 된다. 셋째, Gabriel A. Almond와 G.B. Powell Jr.은 『Comparative Politics』에서 구조(structure)에 대해 언급하기를 정치체계(政治體系)의 기본단위의 하나가 곧 정치역할(政治役割)이며, 또한 한 조직(組織)의 역할은 곧 하나의 구조라고 역설한다. 그들은 또한 하나의 구조(예를 들면 입법구조)는 일련의 상관적이고 상호적인 역할로 만들어지며, 정치체계는 서로 연동(聯動)의 구조이다(예를 들면 입법기구와 선거민, 압력단체와 법원)[25]라고 제시했다.

---

25) Gabriel A. Almond and G. Bingham Powell, Jr., Comparative Politics: System, Process, and

넷째, 인간의 행위(行爲): 앞에서 말한 가치·규범과 구조는 모두 제도의 정태적 요소(要素)이다. 이러한 요소들만 가지고는 제도가 제대로 운영되기 힘들며, 그 기능을 발휘할 수가 없을 것이다. 그러므로 필히 인간(人間)이 개입되어 직위를 가지고 역할행위의 각종 활동을 집행(執行)해야만 비로소 제도체계에 동태적현상(動態的現象)이 발생하며, 나아가 기능을 발휘하게 된다.

　의회제도도 하나의 조직이라고 볼 수 있다. 그 조직의 운영을 위하여 구성인원이 필요하다. 왜냐하면 하나의 이념이나 사상이 필요에 의해 제정되기 위해서는 법규를 주장하는 학자나 조직체에 의해 제의되어져야 되고, 그것이 관련 기구 즉 정당과 의회의결기구를 통해 법제화 되어져야 하며 또한 그 후에 집행되어져야 비로써 하나의 새로운 제도가 만들어진다. 제도는 살아있는 물건이다. 중요한 제도는 결코 하나의 법률로 제정되었다고 끝나는 것이 아니라 법률 외에 속하지만 법률보다 더욱 중요한 영향력을 갖는다.26) 이처럼 제도 배후에는 충격의 힘이 존재하고 있어서 제도의 본래의 형태와 그 발전방향에 영향을 미친다. 제도에 영향을 미치는 요소는 위에 논의한 가치·규범·구조 외에 인간의 행동을 포함한다. 특히 제도는 반드시 인간의 행동을 통해 이루어진다. 정치제도에 있어서는 더욱 그러하다. J.S Mill은 정치제도에 대해 다음과 같이 피력하고 있다. 일체의 정치제도는 인간에 의해 제조되었다. 그것이 존재할 수 있고 제도로서 제정될 수 있는 것은 인류의 희망이나 염원에 의해서이다. 하나의 정치형식을 인간에게 주면 필히 인간이 받아들이거나 최소한 배척하지 않거나 혹은 반항하지 않아야 하며 그것을 건립하는데

　　Policy, 2nd(Boston: Little, Brown and Co., 1978).

26) 佐藤功著, 許介鱗譯, 比較政治制度, 憲政譯叢(二)(臺北 :國民大會秘書處編印, 民國六十八年), p.23.

장애를 극복할 수 있어야 한다. 그들은 필히 원해야하며 필요한 모든 일을 할 수 있어야 하며 그것을 계속 존재하도록 해야 한다.[27]

이처럼 Mill 역시 정치제도가 근거 없이 제정되는 것은 아니라고 말했다. 그것은 인류의 뜻에 의해서 특정의 역사와 사회배경에 기초를 두어야하며 그리고 제도에 영향을 미치는 사회대중의 받아들임과 지지적인 행동에 달려있다고 보았다. 여성의 의회진출에 관한 다양한 제도들, 예를 들면 할당제, 정당비례대표제도 등은 한국을 비롯하여 노르웨이, 벨기에, 영국 등 각 국가에서 제정시행하고 있으며 이러한 특정한 제도를 한국이 도입한 이후 한국여성의 의회진출이 향상되었다. 그것은 여성학자, 여성단체, 많은 유권자들이 연대하여 압력단체의 세력을 형성하고 정당에 편지쓰기 등 수십 년간의 노력과 투쟁에 의해 얻은 것이다.

이상의 논의에서 알 수 있듯이 어떤 제도라도 하나의 시공적 차원에서 볼 때 한편 과거 제도의 영향을 받을 뿐 아니라 그 후에 나온 제도의 영향을 받으며 동시에 기타 병존하는 제도의 영향을 받기도 한다. 이상의 분석을 종합하면 다음과 같은 추론을 할 수 있겠다.

첫째, 대체로 말해서 제도의 형성과 발전은 과거 상관성 있는 사상관념의 계발을 받고 과거 상관성 있는 제도의 기구와 규범을 참조한다.

둘째, 하나의 제도는 당시 인물의 영향을 받으며 이러한 인물은 제도의 이념을 도출하는 인물(학자, 시민단체), 제도를 기획·제정하는 인물, 제도를 집행하는 인물(행정인원) 제도와 이해관계의 인물, 즉 제도에 영향을 미치는 사회군중의 제도에 대한 반응(인정하느냐

---

27) John Stuart Mill 著 郭志嵩譯, 『論自由及論代議政治』(臺北: 協志工業叢出版公司, 民國六十三年), pp.106-107.

혹 배척하느냐 혹 소홀 하느냐)등이다.[28]

셋째, 특정제도는 당시의 사회세력 혹은 정치세력의 영향을 받을 수 있다. 이른바 사회 세력이란 문화, 신앙, 풍습, 여론, 민심의 동향 등에 그 기초를 둘 수 있다. 정치세력이란 정부체계 혹은 정부 이외의 정치단체에서 유래될 수 있으며, 이러한 힘의 접촉이나 마찰은 제도의 형성과 변화에 영향을 미칠 것이다.

넷째, 하나의 기존제도 혹은 신제도는 기타 기존 혹은 신제도에 영향을 미칠 수 있으며 그 제도화로 하여금 본래의 성질과 작용에 변화를 일으키게 할 수 있다. (특히 여성의회 진출에 관한 양호한 제도는 타 국가 여성의 의회진출에 영향을 미칠 수 있을 것이다.)

본 논문은 제도론적 관점에서 한편으로는 정치제도가 여성들의 의회진출에 어떠한 영향을 끼쳤는가를 분석해보고, 다른 한편으로는 특정제도는 한·중·대만 여성들의 사회발전에 어떠한 변화를 가져왔는지 검토해본다. 연구방법은 문헌분석법을 위주로 하고 약간의 방문조사를 병행하였다.

3. 각 국가 여성의 의회진출과 제도적 근거

여성의 의회진출에 있어 제도(institute)는 지대한 영향을 미친다. 특히 한 국가적 차원에서 여성문제는 다른 국가의 여성의 문제이며 이 문제를 여론화 법제화 규정화 할 수 있는 것은 제도(화)를 통해서 만이 가능하다고 할 수 있다. 이러한 의미에서 각 국가의 좋은 제도는 타 국가에서 타산지석의 효과로 답습하고 있으며 여성의 의회

---

28) 陳德禹, 『中國現行公務人員考選制度的探討』(臺北:五南圖書出版公司), 民國七十 一年), p.24.

진출이 낮은 국가에서는 쿼터제, 할당제, 비례대표 정당명부제 등의 정치제도를 통해서 여성의 대표성을 확대 시키고 있다. 이러한 각 국가의 의회진출을 제도와 관련하여 아래에서 살펴보자.

〈표-1〉 부분국가와 지역의 정당규정중의 성별비례지표

국가 / 지역	정당명칭	성별비례지표
노르웨이(Norway)	노동당	정당 공천시 어느 한 성(性)이 최소한 40%이하가 되어 서는 안됨.
스웨덴(Sweden)	사민당	
독일(Germany)	사민당	여성40% 비율
	녹색당	여성40% 비율
이탈리아(Italy)	다수정당	여성20%-40%
오스트리아(Austria)		
네덜란드(Netherlands)	노동당	여성20%
프랑스(French)	노동당	여성20%
칠레(Chile)	민주당	정당 내에서 남녀 대표의 비율이 60%초과 할 수 없음.
세네갈(Senegal)	24개정당	여성25%
	1개정당	여성30%
대만(Taiwan)		헌법134조에 규정. 모든 선거에 여성최소10%할당. 성(省)의원 25%.

자료출처: 유엔사무총장의 보고, "審査和評估〈北京行動綱領〉的執行情况", 유엔경제사회이사회 자료정리.

<표-1>에서 살펴보면, 북유럽국가들 중에서 노르웨이, 스웨덴, 독일은 여성이 40% 비율로 정당에 참여하고 있다. 이탈리아에서는 20～40%, 오스트리아, 네덜란드, 프랑스에서는 여성이 20%로 정하고 있고 세네갈은 24개 정당에서 25%, 1개의 정당에서 30%로 명문규정하고 있다. 그러나 동북아의 국가 중 이러한 특별한 제도를 갖고 있지 않는 나라들, 예를 들면 일본과 한국은 국회의원과 지방의원 비율에서 각각 2-3%, 0.1% 수준에 머물고 있었다.

각 국가에서는 여성들의 의회진출을 확대하기위해 국가의 주요한

법규 및 정당법에 여성관련 각 종 제도를 명문화하고 이의 적용을 위해 의회의원들과 여성단체 정부가 협력과 연대를 통해 법규화하고 있다. 예를 들면, 노르웨이는 1988년 수정한 '남여평등법'중에 정부와 시정위임위원회 중에 성별비율을 명문화하였다. 또한 노동당 법규에 모든 선거와 공천에 있어서 여성과 남성을 최소한 각각 40%로 선출해야한다고 규정하고 있다(In all eldctions and nominations at least 40% of each sex must be elected). 또한 대만에서는 여성당선할당제도(婦女當選保障名額制度)에 대해 세계에서 유일하게 헌법 제134조에 "각종 선거에서 여성의 당선(當選) 숫자를 반드시 규정하고 그 방법은 법률로 정한다."라고 규정되어 있다. 대만의 이 여성당선할당제도는 모든 의회의원(立法委員, 市議員, 縣議員)에 최소 10%가 적용되고 있고 성(省)의원은 25%까지 적용되고 있다. 이 독특한 선거제도의 영향으로 대만은 이미 오래전에 여성의원과 여성시장 등 총 4,699명의 의원을 배출하였으며, 천수이벤(陳水扁) 정부는 여성부총통을 비롯하여 여성 10명을 내각에 임명함으로서 동북아의 여성 선거 사에 신기원을 마련하였다.[29] 한국에서는 1948년의 제헌국회부터 1990년대 초까지 여성국회의원의 비율이 겨우 2.1%로서 타국가의 이러한 높은 의회진출은 학계와 여성단체의 부러움의 대상이었으며 이를 극복할 수 있는 방안으로 당선할당제의 제도화 도입이 강하게 요구되었고 당시 가장 큰 이슈였다.

특히 주목할 것은 1995년 제4차 세계여성대회이후에 각 국가는 여성의 의회참여에 대한 다양한 법규를 제도화 명문화 하였다는 점이다. 또한 북경여성회의가 끝난 5년 후인 2000년에 유엔은 각 국가

---

29) 하영애, 『대만지방자치선거제도』, (서울: 삼영사, 1991), p.4.; 하영애, "대만권력구조에서 여성의 정치참여와 활동", 한국국제정치학회 발표논문, 2000. 12. 14.

들의 북경행동강령 이행여부를 점검하기위한 회의를 개최하였다. 이
는 "여성 2000: 21세기를 위한 성 평등, 발전과 평화"라는 주제로
2000년 6월 5일부터 9일까지 뉴욕에서 유엔특별총회 고위급회의를
개최하여 북경행동강령의 각 국가의 이행사항을 점검하고 2000년 이
후의 여성발전방향을 논의하였다.[30] 이 결과 우리나라는 제 4차 세
계여성회의 이후 종합적인 여성발전을 위한 중·장기 계획을 수립하
였고, 남녀평등과 여성의 지위향상을 위한 보다 적극적인 조치들이
수립, 시행되고 있으며, 1999년 3월 개최된 제43차 유엔여성지위위
원회에서 여성정책 추진 모범국가로 선정되는 성과를 거두었다.[31]

무엇보다 각국 여성들의 의회진출과 관련하여 유엔에서 제시하고
있는 여성권한척도(GEM: Gender Empowerment Measure)는 그 나
라 여성들의 의회진출에 중요한 근거가 된다. GEM은 유엔이 여성
국회의원수, 행정관리직과 전문기술직 여성비율, 그리고 남녀소득차
를 기준으로 여성의 정치·경제활동과 정책과정에서의 참여도를 측
정하는 것으로서, 이 여성권한척도를 가지고 각국 여성의 정치지위
에 적용하여 측정하는 것이다. 중국에서도 여성의 정치사회에서의
평등한 지위는 한 국가의 문명과 진보정도를 측정하는 중요한 지
표[32]라고 하며 이를 중요시하고 있다. 자료에 따르면, 한국은 1995
년도는 116개국 중 90위였으며, 2008년도는 69위, 2009년도에는
109개국 중 61위를 차지하였다.[33][34] 그러나 국제의원연맹(IPU)이

---

30) 강선혜 외 1명, 『북경행동강령 이행조사 보고서 2000』, p.125

31) 강선혜 외 1명, 『북경행동강령 이행조사 보고서 2000』, p.125.

32) 何琼,"近十年來國內關于中國婦女參政研究綜述", 『中華女子學院學報』, vol.17, No.5 (中國北京: 2005), p.36.

33) 여성부, <우리나라 GEM 변화추이 :2004-2009>, 관련 자료.

34) 이는 여성의원 비율이 지난해 13.7%에서 14.0%로, 여성행정 관리직 비율이 8.0%에서 9.0%
로 각 각 오른데 따른 것으로 보인다.

2010년 3월 5일 발표한 통계자료에 따르면, 조사대상 187개 국가가
운데 의회 내에 여성비율이 가장 높은 나라는 아프리카 르완다
(56.3%)였고, 2위는 스웨덴(46.4%), 3위는 남아프리카 공화국(44.5%)
이다. 중국은 21.3%로서 이탈리아와 같이 55위를 기록했고, 북한은
15.6%로 77위였으며 한국은 14.7%로서 81위(아프리카 가봉과 동일
순위)를 기록하였다.[35]

이처럼 낮은 한중여성의 정치참여와 대표성이 저조한 원인은 주
로 제도적 요인에 집중되어왔다. 가장 대표적인 문제로 지적되어 온
것은 선거제도였는데 앞서 논의되었던 것과 같이 비례대표제가 여
성의 대표성 확보에 유리하며 소선구제 단순다수대표가 불리한 것으
로 나타났다. 그 다음으로 정당의 공천제도가 여성의 대표성을 저해
하는 것으로 지적되어왔다.[36] 여성의 대표성은 수치상의 대표성과
좀 더 본질적으로 여성을 대변하고(standing for), 여성을 위해 행동하
는(acting for) 대표성으로 나눌 수 있는데 우선은 '수치상의 대표성'
을 가지고 그 다음단계로 '본질적 대표성'을 추구하는 것이 필요하
다. 왜냐하면, 의회에서의 여성의 저 대표성(under-representation)은
왜곡되고 불균형적인 정책결정을 낳을 수 있고 사회에 대한 여성 지
도자 들의 기여의 기회를 봉쇄하게 되어 인적 자원 낭비로 정치발전
을 저해하기 때문이다.[37] 여성의 정치참여가 부진한 상황에서 의회
참여확대의 필요성이 중요시되는 논거가 바로여기에 있다.

그러면 한·중·대만 여성의 의회진출현황을 검토해보자. 한국은

---

35) http://blog.naver.com/dramo23? Redirect=log8.logNo=101529642, 안명옥의 무지개 나라. (검색
    일: 2010. 3. 8).

36) 김원홍, 이현출, 김은경, "여성의원이 국회를 변화시키는가?: 17대 국회의원 조사결과를 중심
    으로", 『한국정당학회보』, 제6권 제1호 2007년(통권 10호), p.28.

37) 김원홍, 이현출, 김은경, "여성의원이 국회를 변화시키는가?: 17대 국회의원 조사결과를 중심
    으로", p.29.

역대 여성국회의원과 정당에서의 국회의원을 중심으로, 중국은 전국 인민대표대회 여성대표와 전국정치협상위원회 여성위원을 중심으로, 대만은 입법위원을 중점적으로 고찰해본다.

4. 한중대만여성의 정계진출현황 및 정책변화

1) 한국여성의 정계진출현황

권력구조는 통상 행정수반을 비롯하여 행정부의 장관차관, 정당의 정치인, 의회의원 등을 포함한다. 한·중·대만의 여성의 정계진출은 어떠한지 본 문에서는 입법부의 의회의원을 중심으로 고찰해 본다.

(1) 한국 국회의 역대 여성 국회의원 참여현황

한국의 국회의원은 임기가 4년이며, 과거에 유정회 등 약간의 간접선거를 제외하고는 주민의 직접선거에 의해 선출되었다. <표-2> '역대 한국 여성국회의원과 후보자 현황'에 따르면, 제헌국회인 1948년 5월11일 실시된 선거에서 여성의원은 남성의원 199명의 당선에 비해 1명이 당선됨으로 0.5%이며, 그 후에는 계속 1%를 유지하지 못하다가 28년이 지난 1973년의 제9대에서 12명이 당선되어 꽤 높은 5.5%의 비율을 보이고 있다. 그러나 그 이후는 여전히 2-3% 수준이며, 1991년 제14대 국회에서는 다시 1%로서 저수준에 머물고 있다. 한국의 국회의원 선거방식은 2종류로 나눌 수 있는데 하나는 '지역구 국회의원'으로서 지역주민의 직접선거에 의해 선출되며, 다

른 하나는 '비례대표국회의원'으로서 각 정당에서 공천한 '정당비례
명부제'에 의해 지역주민이 선출한다. 13대, 14대국회의원선거를 보
면 여성의원은 각각 6명과 5명으로서 모두 비례대표국회의원이며,
지역구의원은 1명도 없으며 의원직을 계승한 의원 1명과 보궐선거
에서 당선된 의원이 1명 있다. 그러나 1996년의 선거에서 여성의원
의 당선인수가 급증하여 여성들에게 참정의 열기를 가져왔는데 지
역구의원에 임진출 의원과 추미애 의원이 당선되었다. 비례대표국회
의원은 7명이 당선되었으며 그 후 김정숙 의원과 박근혜 의원이 각
각 국회의원계승과 보궐선거로 당선되어 15대 국회의원 중 여성의
원은 모두 11명이 되었으며 9대 이후에 여성의원이 가장 많은 해라
고 할 수 있다. 그러나 그 비율은 겨우 3.7%로서 앞서 살펴본 북유럽
각 국과 다른 나라에 비하면 열악한 상황을 금치 못한다.

대만의 '당선할당제도'는 한국의 여성단체가 '할당제를 위한 연대
활동', 국회와 각 정당에 서신보내기 등의 활동을 통해, 그리고 국회
의원 신낙균의 적극적인 주장으로 한국에서도 할당제도가 도입되었
다. 이러한 제도 개선의 영향으로 16대부터 현재 20대까지 한국 여
성국회의원수는 급상승하였다. 즉 16대 5.9%, 17대 13%, 18대
13.7%, 19대 15.7%, 20대에는 총 51명의 여성 국회의원이 선출되
어 17%로써 선거 역사 이래 가장 높은 비율이다. 그러나 유럽국가
의 50대 50의 남녀동등의석수와 비교하면 아직은 요원하기만 하다.

다른 한편, 여성국회의원에 진출한 후보자 수적 증가에 주목할 필
요가 있다. 각 여성단체들은 여성들의 정치참여를 위하여 다양한 교
육훈련을 실시하였다. 이러한 결과 여성들의 정치에 대한 인식이 변
하였으며 후보자수도 증가하였다. 물론 여기에는 만약에 여성이 후
보자로 참여 했을 때 최소한의 인원수는 당선될 수 있다는 할당제

본연의 뜻도 포함되어 있음으로 여성들에게 자신감을 갖게 하였을 것이다. 즉 1996년인 15대 까지 여성의원후보자수는 2.8%에 머무르다가 16대 5.9%로 약간 상승하였으며 17대에서의 여성후보자수는 11.5%로 무려 5.6%가 높게 나타났다. 이는 계속 상승하여 18대 에서는 16.5%로서 한국여성 국회의원선거사에서 높은 후보자의 비율을 나타낸다.

〈표-2〉 역대 한국 여성국회의원과 후보자 현황 (1948년-2008년)

역대	역대선거일	후보자 수			당선자 수		
		총수	여성 수	%	총수	여성 수	%
제헌국회	1948.5.10	948	22	2.3	200	1	0.5
제2대	1950.5.30	2,209	11	0.5	210	2	0.1
제3대	1954.5.20	1,207	10	0.8	203	1	0.5
제4대	1958.5.02	841	5	0.6	233	3	1.3
제5대	1960.7.29	1,518	8	0.5	201	1	0.5
제6대	1963.11.26	976	7	0.7	175	2	1.1
제7대	1967. 6. 8	821	8	1.0	202	3	1.5
제8대	1971. 5.25	698	8	1.1	204	5	2.5
제9대	1973. 2.27	412	12	2.9	219	12	5.5
제10대	1978.12.12	547	12	2.2	221	8	3.6
제11대	1981. 3. 25	862	23	2.7	276	9	3.3
제12대	1985. 2.12	611	16	2.6	276	8	2.9
제13대	1988. 4. 26	1,219	26	2.1	299	6	2.0
제14대	1991 3. 24	1,206	35	2.9	299	3	1.0
제15대	1996. 4. 11	1,550	43	2.8	299	11	3.7
제16대	2000. 4. 13	1,178	69	5.9	273	16	5.9
제17대	2004. 4. 15	1,356	156	11.5	299	39	13.0
제18대	2008. 4. 9	1,301	215	16.5	299	42	13.7
제19대	2012. 4. 11	1,090	188	17.25	300	47	15.7
제20대	2016. 4. 6	943	100	10.60	300	51	17
총계		21,493	974	4.37	4,988	270	4.765

자료출처: (1)제헌국회에서 12대 까지 자료, 『여성연구』,제12호, 여성개발원 발행, 1986, p.39.
(2) 제13대부터 20대까지 자료는 한국중앙선거위원회 참조.

(2) 한국의 정당과 여성 국회의원 참여현황

민주주의 국가에서는 선거를 통해 통치권자를 선택하며 또한 정당의 존재가치는 정권을 창출하기 때문에 정당정치의 의의는 실로 중요하다고 하겠다. 미국의 양당은 여성의 정치참여에 무관심한 정당으로 보여 지는 것의 불리한 점을 잘 인식하고 있다.[38] 따라서 여성에게 당 조직을 개방해왔고 여성은 전국적 수준의 지방자치단체에서 지도적 위치에 배치되어있다. 스웨덴과 같이 정당이 그들의 조직 내에서 후보를 지명하는 국가에서라면 이러한 정책은 여성의 정치참여증가를 가져올 수 있다. 그러나 미국에서는 정당조직으로부터 공직에 진출하는 경우가 드물고 정당 내에서 역할이 확대된다고 해서 여성후보의 수가 증가하는 것은 아니다.[39] 한국은 일찍이 야당인 민주당에서 여성 당수 박순천을 배출하였고 집권정당에서 여성총리 한명숙을 배출하기도 했으나 국회의장에 여성이 선임된 적은 아직 없음으로 학자들 중에는 의회의 수장이나 정부 주요부서에 여성부재를 지적하고 있다.

한국의 제16대부터 18대까지의 국회에서 정당별 여성 국회의원 현황을 살펴보자. 16대 국회의원 273명 중 여성의원은 16명으로서 5.9%비율이다. 이를 구체적으로 보면 지역구에서 선출된 의원이 5명이며 중간 승계 2명을 포함하여 비례대표로 선임된 의원은 13명이다. 즉 여성의원은 총18명으로서 정당별로 보면, 한나라당이 6명(직선1명, 비례대표 5명)이며 민주당은 11명(직선4명, 비례대표4명)으로서 집권여당인 한나라당 보다 야당의 여성의원수가 훨씬 높다. 민국당은 1명(비례대표)으로 나타났다.

---

38) R. 달시, 수잔 웰크, 자네트 클라크 공저, 김현자, 주준희 공역 『여성, 선거, 의회진출』, (서울: 한국여성개발원, 1990), p.214.
39) R. 달시, 수잔 웰크, 자네트 클라크 공저, 김현자, 주준희 공역 『여성, 선거, 의회진출』, p.214.

17대 국회의원 선거 때에는 전체의원 299명 중에 여성의원은 39명으로서 13.05%였다. 지역구의원이 10명, 비례대표가 29명이었으나 그 이후 중간승계 3명까지 포함하여 총 42명의(14.05%) 여성 국회의원이 활동을 하고 있다. 정당별로는 한나라당이 17명(지역구 5명, 비례대표 11명, 중간승계 1명)이며, 열린 우리당의 여성국회의원은 18명(지역구 5명, 비례대표 12명, 중간승계 1명)이다. 새천년민주당은 3명(비례대표 2명, 중간승계 1명)이며, 민주노동당은 4명(비례대표)의 여성의원을 배출하였다. 17대 국회의원 중 정당별로 보면 16대와 마찬가지로 여성국회의원은 집권여당보다 야당인 열린 우리당의 여성의원이 1명 더 많은 것으로 집계되었다

<표-3>에서 알 수 있는 바와 같이 18대 국회의원선거결과 총 299명중 여성의원은 41명으로 13.7% 비율을 보이고 있다 그중 한나라당의 여성 의원 수는 22명(직선 14명, 비례대표 11명, 승계 1명)으로 나타났으며, 민주당은 12명(직선 4명, 비례대표 8명)이, 자유선진당 2명(비례대표), 친박 연대 4명(비례대표), 민주노동당 2명(비례대표)이다. 그 후 18대 국회에서도 역시 여성의원 1명이 중간승계 하여 42명으로 14.05%를 나타내었다.[40]

〈표-3〉 한국의 제18대 국회의원 중 정당별 여성국회 의원 현황

정당명	여성의원총수	지역구 선출	비례대표 선출
한나라당	22	10	12(1)
민주당	12	4	8
자유선진당	2		2
친박연대	4		4
민주노동당	2		2
합 계	42	14	28(1)

자료출처: http://kin.naver.com/qna/detail.nhn?d1id=6&dirId=61402&docId=62985245&qb

---

40) 관련자료: http://kin.naver.com/qna/detail.nhn?d1id=6&dirId=61402&docId=62985245&qb
(검색일: 2010. 4. 17).

이러한 현황은 다음 몇 가지를 설명하고 있다. 첫째, 여성 국회의원 중 정당별로 분석하면 16대와 17대에서는 야당의원이 더 많은 비율을 보였으나, 18대 국회의원선거에서는 집권여당인 한나라당에서 거의 50%에 달하는 22명의 여성의원이 국회에 참여하고 있음을 알 수 있다. 둘째, 17대와 18대국회의원 중 지역구 의원은 14명인데 비해, 비례대표로 선출된 여성의원은 28명으로서 전체의원 42명 중 66%를 차지한다. 의회진출에 있어서 여성은 정치사회화 과정에서 남성보다 어려움에 직면하며 경제적, 조직적 측면에서 불리한 상황이다. 따라서 비례대표할당제는 정치참여에 뜻을 두고 있는 능력 있는 여성들이 의회에 도전해볼 수 있는 길을 터주고 있다는 데서 제도가 갖는 중요한 의의를 찾을 수 있으며 여성의원후보자가 주목해 볼만한 가치가 있다고 하겠다.

2) 중국여성의 정계진출 현황

(1) '전국인민대표대회' 여성대표와 '전국정치협상위원회' 여성위원 현황

중국은 전국인민대표대회 대표(全國人民代表大會代表 약칭 전국인민대표)와 전국정치협상위원회 위원(全國政治協商委員會委員, 약칭 전국정협위원)이 민주정치의 대표적 역할인 입법부의 역할을 하며 이들이 입법위원의 기능을 갖는다. 전국인민대표와 전국 정협위원은 5년의 임기를 가지고 있다. 그러나 민주주의 국가의 3권 분립이나 정당정치에 따른, 정당 경선 등과는 차이가 있다. "우리 중국대륙은 다당 경선을 하지 않고, 3권 분립이나 양원제를 실시하지 않는다. 우리가 실행하는 것은 전국인민대표대회 일원제이다."[41] 중국의 헌법 제

3조에 의하면, '전국인민대표대회는 최고의 국가권력기구이다' 이는 한국의 국회와 유사한 입법기구에 그치지 않는다. 즉 전국인민대표는 헌법 등 기본 법률에 제정 및 수정이나 예산안 의결 이외에도 다른 국가기구들의 최고 책임자들을 선출하는 기능을 수행한다. 전국인민대표에 의해 선출 또는 인준되는 직책에는 국가주석, 부주석, 중앙군사위 주석, 최고인민법원장, 최고인민검찰원장, 전국인대 상무위원회의 위원장, (국가주석의 제청에 의한) 총리,(총리의 제청에 따른) 각 국무위원 및 부장, (중앙군사위원회 주석의 제청에 따른)중앙군사위원회 부주석과 위원 등이 포함 된다.[42]

그러나 1년에 한번 전국인민대표 회의가 개최되므로 5년 임기 중에 일반 전국인대 대표는 다섯 번 출석하게 된다. 또한 비록 국가의 최고 권력기구 이지만 공산당이 국가권력을 장악하고 있으므로 전국인민대표의 기능은 형식적 절차에 그치고 있다.

<표-4> 중국의 '역대 전국인민대표대회의 대표인수와 성별구성' (歷代全國人民代表大會的代表人數和性別構成)의 여성대표의 통계에 따르면, 제1대인 1954년 남성의원은 1,079명(88.0%)에 비해 여성의원은 147명으로 12.0%에 불과했다. 이러한 참여율은 1975년에 22.6%로 상승하여 653명으로 인원수가 늘어났으나 약 30년이 지나면서 오히려 감소하고 있다. 1993년 제8대 여성 대표 수는 626명으로 남성의원 2,352명의 79.0%에 비해 21.0%를 현저히 낮아짐을 알 수 있다.[43] 1995년 세계 제4차 여성대회 이후와 그 이전을 비교해보면, 1998년의 제9대에서는 여성위원이 650명으로 21.8%, 제10대인

---

41) 김영진, "중국 전국인민대표대회 개혁과 협력방안",『의정논총』제3권제2호, (서울: 한국의정 연구회, 2008), p.173.

42) 김영진, "중국 전국인민대표대회 개혁과 협력방안",『의정논총』제3권제2호, p.170.; http//www.cnnb.com.cn (검색일: 2010. 3. 13).

43)『中國社會中的女人和男人-事實和數据(2007)』, 國家統計局和科技統計司, p.107.

2003년에는 604명으로 20.2%로 더욱 낮아졌으며 제11대인 2008년
에는 637명으로서 약간 상승된 21.33%를 나타내고 있다.

〈표-4〉 중국 역대 인민대표대회의 대표인 수와 성별구성

년도 및 代別	인원 수 (명)		성별구성 (%)	
	女	男	女	男
第一代(1954)	147	1072	12.0	88.0
第二代(1959)	150	1076	12.2	87.8
第三代(1964)	542	2492	17.9	82.1
第四代(1975)	653	2232	22.6	77.4
第五代(1978)	742	2755	21.2	78.8
第六代(1983)	632	2346	21.2	78.8
第七代(1988)	634	2344	21.3	78.7
第八代(1993)	626	2352	21.0	79.0
第九代(1998)	650	2329	21.8	78.2
第十代(2003)	604	2381	20.2	79.8
第十一代(2008)	637	2350	21.33	79.7

자료출처: 中國社會中的女人和男人-事實和數据(2007), 國家統計局社會和科技統計司, p.107.

<표-5>에 따르면, 중국의 역대 전국 정협위원 중 여성 정협위원은
1954년 제1대에서 남성 정협위원이 186명으로 93.9%를 차지하고
여성 정협위원은 12명으로 6.1%였다. 이들 숫자는 1978년에는 293
명으로 14.7%(남성1695명, 85.3%), 1988년 303명으로 14.5% (남성
1780명, 85.5%) 등 계속 높은 비율을 유지하여 왔으나 제8대인
1993년에는 193명으로 매우 저조한 9.2%의 수준으로 떨어지는 현
상을 보이고 있다.[44] 그러나 1995년 제4차 세계여성대회이후의 제9
대 1998년과 제10대 2003년 때에는 여성 정협위원 수가 각각
15.5%와 16.8%를 보여 괄목할 만한 성장을 보여 준다.

---

44) 『中國社會中的女人和男人-事實和數据(2007)』, 國家統計局和科技統計司, p.108.

〈표-5〉 중국 역대 전국 정협위원 인원수와 성별구성

년도 및 代別	인원 수 (명)		성별구성 (%)	
	女	男	女	男
第一代(1954)	12	186	6.1	93.9
第二代(1959)	83	646	11.4	88.6
第三代(1964)	87	984	8.1	91.9
第四代(1975)	107	1092	8.9	91.1
第五代(1978)	293	1695	14.7	85.3
第六代(1983)	281	1758	13.8	86.2
第七代(1988)	303	1780	14.5	85.5
第八代(1993)	193	1900	9.2	90.8
第九代(1998)	341	1855	15.5	84.5
第十代(2003)	375	1863	16.8	83.2

資料來源: 中國社會中的女人和男人-事實和數据(2007), 國家統計局社會和科技統計司, p.108.

〈그림-1〉 중국 공산당 당원 성별 구성(1990-2006)

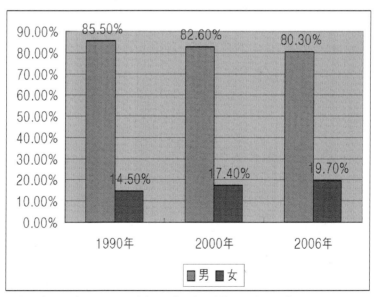

자료출처: 中國社會中的女人和男人-事實和數据(2007), 國家統計局社會和科技統計司, p.105.

그러나 <그림-1> '중국 공산당 당원 성별 구성비'(中國共産党党員
性別構成)에 따르면, 여성당원은 1990년도에 14.5%의 꽤 높은 참여
율을(남성 당원은 85.5%) 보이고 있으며 2000년의 17.4%, 2006년
에는 19.7%로 점차 높은 비율을 나타내고 있으나 헌법에 명시한 남
녀평등과는 거리가 있다고 하겠다. 특히 공산당원들의 당원숫자의
여성비율에 비해 고위직인 중국공산당중앙위원이나 후보위원은 여
성들을 많이 기용하지 않고 있다고 할 수 있다. 부분적인 자료를 가
지고 정당별로 살펴보면, 중국 전국의 29명의 여성 부성장(副省長)
중 중국공산당원은 21명이며, 땅와이 (黨外)인사는 8명으로서 이는
민주당파의 당원수가 급증 하는 것과 같은 맥락으로 이해할 수 있
다.45) 중국공산당원 이었던 깐수성(甘肅省)의 부성장 한회이(咸輝)와
윈난성(云南성)의 부성장 리쟝(李江) 등은 모두 18세에 입당한 반면
에, 민주당파의 가입연령은 큰 차이로 나타났다. 즉 북경시 부시장
청홍(程紅)은 29세에 중국민주동맹에 가입하였으며, 기타 여성 부성
장과 부시장, 부주석 등은 30세-50세 사이에 민주당파에 가입한 것
으로 나타났다.46) 이는 동시에 앞서 설명한 중국공산당 여성당원수
가 19%에 그치는 것과 비교할 때 큰 차이라 할 수 있으며 이는 오
늘날의 중국공산당의 여성고위직 숫자가 극소수인 문제점과도 무관
하지 않다고 할 수 있다.

---

45) 중국은 공산당 외에 민주당파가 있는데 흔히 야당이라고 할 수 있으며 이는 중국국민당혁명위
원회, 중국민주동맹, 중국 민주 건국회, 중국민주촉진회, 중국농공민주당, 중국 치공당, 93학사,
대만민주자치동맹8개를 말하며 이들 당파의 여성당원수가 많아지고 있다. 예를 들면, 중국민
주동맹은 2003년과 2004년에 여성당원의 수가 각각 36.2와 36.9로 나타났다. 그러나 2005년
과 2006년에는 각각 38.9%와 38.5%로 증가 한 것을 알 수 있다.『中國社會中的女人和男人-事
實和數据(2007)』, 國家統計局和科技統計司, p.106.

46) 南方都市報, "解密 29名女副省長成長路徑 近半未成年就步入社會", 2010. 3. 9.

3) 대만 여성국회의원의 의회 진출 현황

1949년 중화민국 장지에스(蔣介石) 정부는 중국 본토에서 대만으로 도읍을 옮겼다. 그 후 민국58년(1969년)에 최초로 '증액 입법위원(增額立法委員)' 선거를 하였다. '증액(增額)'이라는 용어는 중국 대륙에서 선출된 의원들이 종신으로 의원직을 유지하고 있었고 오랫동안 이들의 사망이나 결원이 발생할 경우 등에 한해서만 선거를 실시하는 것을 말한다.

<표-6>에 따르면, 최초의 1969년 선거에서는 여성입법위원이 1명 (9.1%). 1972년 4명(11.1%), 1975년 4명(10.8%), 1980년 7명(10%), 1983년 8명(11.3%)으로 나타났다. 그리고 1986년에는 7명(9.6%)에 머물러 한 자리 숫자이다. 주목할 것은 여성후보자 인원수이다. 이는 여성국회의원을 최소한 10%당선하도록 하는 '여성당선할당제도'가 대만 여성들로 하여금 용기를 가지고 경선에 임할 수 있었다고 하겠다.

〈표-6〉 증액국회의원 중 여성 국회의원후보자와 당선자 현황 (1969-1986)

연도별	후보자 수			당선자 수		
	총수(명)	여성인원(명)	%	총수(명)	여성인원(명)	%
1969년	25	4	16	11	1	9.1
1972년	55	6	10.9	36	4	11.1
1975년	61	4	6.6	37	4	10.8
1980년	218	17	7.8	70	7	10
1983년	171	22	12.9	71	8	11.3
1986년	137	12	8.8	73	7	9.6

자료출처: 中華民國選擧統計, 立法委員 選擧槪況, pp.72-74, pp.106-108;
하영애, 『지방자치와 여성의 정치참여』, (서울: 삼영사, 2005), p.156.

특히 <표-7>의 자료를 통해 여성의원들의 증가현황을 볼 수 있는데 '성별비례원칙제도'가 적용된 이후라고 할 수 있다. 2000년 야당이었던 민진당의 천수이볜 후보가 총통에 당선되어 정권교체가 이루어졌고 2001년 제5대 국회의원 선거에서 총 225명 의원 중에 여성의원이 50명이나 당선되어 22.2%를 차지하였다. 이것은 당시에 민진당을 중심으로 많은 여성단체가 활발히 여권신장 운동을 전개하면서 1/4 성별비례원칙제의 적용을 강력하게 요구한 결과 각 정당들이 여권신장 정책에 관심을 갖게 되었고 결국 민진당과 국민당에서 여성들이 많은 수로 공천을 받을 수 있었기 때문이다.

〈표-7〉 전면 국회의원 선거 후 여성 국회의원 후보자와 당선자 현황 (1992-2012)

년대	역대	후보자			당선자		
		남성	여성	비율(%)	남성	여성	당선비율 (%)
1992년	2대	-	-		161 명	17명	9.5
1995년	3대	347 명	50 명	12.6	141 명	23명	14.0
1998년	4대	412 명	86 명	17.3	182 명	43명	19.1
2001년	5대	474 명	110 명	18.8	175 명	50명	22.2
2004년	6대	396 명	96 명	19.5	178 명	47명	20.9
2008년	7대	302 명	121 명	28.6	79 명	34명	30.1
2012년	8대	279 명	131 명	31.9	75 명	38명	33.6

자료출처: 臺灣 立法院 (http://zh.wikipedia.org/wiki) 자료,
주한 대만대표부 신문조 자료제공을 바탕으로 필자가 재정리.

2004년 선거에서 여성 후보자의 당선비율은 20.9%로 약간 하락했으나, 2008년 1월 12일 7대 선거에서 여성 국회의원 수는 무려 10% 상승한 30.1%를 나타내었다. 그 중요한 요인은 역시 선거제도 개혁의 성과라고 할 수 있다. 즉, 헌법증보 수정조문 제5조(憲法增修條文第5條)규정에 따르면, "[전국 불분구 입법위원선거에서 각 정당의 당선명단 중에, 여성의원 의석을 2분의 1 보다 낮게 해서는 안된

다](全國不分區立法委員, 各政黨當選名單中, 婦女不得低於 1/2)"라고 명문으로 규정하고 있는 것이다.

특히, 2012년 1월 14일 실시한 제8대 선거에서 여성 국회의원이 38명 당선되어 전체 의석수의 33.63%를 나타냈다. 이는 동북아의 한국, 중국, 일본 보다 가장 높은 비율을 의미할 뿐만 아니라 또한 가장 많은 여성 국회의원 수를 나타내는 것이기도 하다. 왜냐하면, 중국은 제1대와 제2대 국회의원(人民大會代表) 선거에서 여성의원의 비율이 12%였으며 3대부터는 평균 20%를 유지하였으나 최근까지 21.3%에 머물러 있기 때문에 관련 학자들과 여성의원들의 지속적인 비판의 대상이 되고 있다.

5. 제도적 요인이 한중대만여성과 의회의원에 미친 영향

한·중·대만 여성의 정계진출은 한·중·대만 사회의 여성지위와 여성의 정치에 커다란 변화를 가져왔다. 이 변화와 발전은 자국에서는 물론 타국가의 여성들에게도 적지 않은 영향을 끼치는 계기가 되었으며 무엇보다 제도적인 측면에서 상호보완적인 역할을 하였다. 이는 각국 여성의 의회진출 증가, 각국 여성의 사회지위 향상에 기여, 각국 여성 세력화의 초석마련으로 고찰할 수 있다.

1) 한·중·대만 여성의 의회진출 증가

권력구조 중에서도 입법부의 기능은 현대 민주사회에서 가장 중요하다고 하겠다. 입법부는 의회의원들로 하여금 정책을 입안하고 의결하는 역할을 하기 때문에 입법, 행정, 사법 3권 중 가장 중요하다고 해도 과언이 아닐 것이다. 한국은 제헌국회에서부터 13대 까지 여성 국회의원 수는 총 61명으로 전체의원 2,919명 중 평균 2.1% 수준에 머물렀다.[47] 그러나 14대부터 증가하다가 16대는 여성국회의원이 16명으로 상당히 높은 비율을 차지하였는데 이는 바로 16대 국회의원선거를 앞두고 정당법에 비례대표제 여성할당 30%를 도입하면서부터 5.9%로 늘어났다. 이 제도는 15대 여성국회의원인 새천년민주당 신낙균(申樂均) 의원 등 48인으로부터 '政黨法中改正法律案'이 제출된 것에서 비롯되었다. 제안 설명에 나선 신의원에 따르면, 한국 여성정치의 후진성을 강조하고, 한국의 여성의원 비율은 3.7%로 아시아 여성의원 평균비율인 14.9%에도 미치지 못하며 이는 여성의 권익이 검은 차도르로 표현되는 아랍에 비견되는 수준에 불과하다고 역설하였다. 또한 그는 "대통령께서도 여성 비례대표 30% 할당을 이미 여러 번 천명하신 바 있어 이제 남은 것은 법제화뿐이라고 할 수 있습니다. 이를 법제화하지 않는다면 그 공약은 진실성에 중대한 흠집이 나고 말 것 입니다. 이에 15대 국회의 모든 여성의원은 이러한 시대적 요구와 공감대를 바탕으로 국회의원 및 시 도의회 의원선거에서 여성을 비례대표로 30% 이상 추천하여야 한다는 내용의 '政黨法中改正法律案' 에 대한 수정안을 제출하였습니다."[48] 라고 국회의원 및 시 도의회 의원선거에서 여성비례대표 30%를 추천해야한다고 강조하였다.

특히, 2000년 제16대 총선을 앞두고 321개의 여성단체가 연대하여 '총선여성연대'를 발족시키고 여성의 정치참여 확대를 위하여 정

---

47) 하영애, 『대만지방자치선거제도』, (서울 : 삼영사, 1991), pp.261-262.

48) 신낙균 국회의원의 '政黨法中改正法律案'에 대한 제안설명. 제210회 국회 본회의 회의록, 2000. 2. 9. 수요일. 오전.

당에 압력단체의 역할을 하였다. 그 결과 정치권은 2000년 제16대 총선을 앞두고 국회의원 비례대표제, 여성할당 30%를 정당법에 명문화하였다. 그리고, 2002년 제3차 동시 선거를 앞두고 국회에서 여성의 정치참여 확대를 위하여 광역의회 비례대표제 당선권 범위 내 여성 50%이상을 공천하고, 광역의회 지역구 할당제 30%를 노력사항으로 공천할 것을 정치관계법에 명시하였다. 정치권은 2004년 4월 15일 실시한 제17대 총선을 앞두고, 정당법 31조의 개정을 통하여 국회의원 지역구 30%(노력사항), 비례대표제 50% 여성할당을 명시하였다.[49] 따라서 17대 선거에서 이 제도의 실천을 위해 여성계가 직접적인 운동을 전개하였다. 2003년에 발족한 '총선여성연대'는 제도개선사업을 중점사업으로 하고 특히 17대 총선 때인 2004년 3월 비례대표 후보선정 기준에 대한 '총선여성연대'의 제안서를 각 당에 전달했다. 이를 통해 '총선여성연대'의 그 동안 공천헌금, 밀실공천과 명망가 중심으로 이루어지던 바람직하지 못한 공천의 관행을 수정하고, 소수자 및 여성, 장애인 등 소수그룹의 정치진출을 보장하기 위한 비례대표제 본래의 취지를 충분히 살리고, 비례대표 선정에 있어서 투명하고 민주적인 절차가 반드시 지켜져야 한다고 요구했다. '총선여성연대'가 제안한 비례대표 후보가 갖추어야할 자질로는 도덕성과 성실성, 전문성, 민주성과 개혁성, 그리고 양성평등의식이었다.[50] 이에 못지않게 '맑은정치여성네트워크'는 '여성 100인 국회로 보내기' 캠페인 전개를 선언하였고 결과적으로 17대 총선에서 선출된 39명의 여성의원 중에 지역구 10명, 비례직 29명이 당선되었는데 그중 18명이 '맑은정치여성네트워크'가 추천한 여성 후보였다

---

49) 김원홍, 「여성과 정치」, 성남여성포럼 발표문, 2010, pp.11-12.

50) 이현출, "여성의원의 의정활동과 성차: 17대 국회의원 조사결과를 중심으로", p.14.

는 점은 상당히 주목할 만한 성과라고 하겠다.[51]

이렇게 17대 총선에서 39명이 선출됨으로서 한국 여성국회의원비율은 13.9%로 획기적인 성과를 가져왔으며 이는 한국여성정치사에 새로운 이정표를 마련하였다. 18대 국회의원선거에서도 이러한 강력한 추세에 이어 여성국회의원수가 14.05%를 기록하였다.[52] 이처럼 한국의 여성의원의 의회진출 증가는 비례대표 할당제라는 제도적 개선을 통하여 이루어졌다고 할 수 있다. 하나의 제도는 상관제도의 영향을 받는다. 17대, 18대의 여성의회참여의 증가는 자연히 이루어 진 것이 아니다. 90년대 초반부터 학계와 한국여성정치문화연구소, 한국여성단체협의회, 부산여성정책연구소, 한국여성유권자연맹 등 여성단체 에서는 각종 세미나 학술대회에 여성의 의회참여를 주요의제로 다루었고,[53] 특히 당시 대만의 여성당선할당제의 제도도입의 주장과 더불어 국회의원선거에서 여성의원의 의회참여확대를 위한 할당제 20%가 제기되었다.[54] 또한 한국여성단체협의회 등 많은 여성단체에서는 각 정당과 행정부를 비롯한 고위직 정치인들에게 서한을 보내는 등[55] 끊임 없는 요구와 제도개선의 지속적인

---

51) 이현출, "여성의원의 의정활동과 성차: 17대 국회의원 조사결과를 중심으로", p.15.

52) 17대 국회의원은 39명이 선출되었으나 후에 보궐선거를 통해 42명으로 증가하였으며, 18대 선거에서는 41명이 선출되었다.

53) 한국여성정치문화연구소 세미나 '여성의 정치참여와 의회진출' (1989. 7. 14) ; '여성의 정치참여확대를 위한 전문가 회의' (1998. 6); 한국여성단체협의회 제29회 전국여성대회 (4천여 명 참석) 대 주제: 새 시대의 주역, 여성의 정치참여 (1992. 10. 8) ; 부산여성정책연구소 세미나 '한국여성의 정치참여'(1992. 10. 14); 한국여성유권자 연맹 주최 '지방자치의 발전과 여성의 정치참여'(1994) ; '여성입후보자에 대한 저해요인 연구'(1996); '여성유권자의 정치참여 증대를 위한 원탁토론회'(1999) ; 한국여성정치연구소 '여성의 정치세력화: 현실과 전망'(1992) 등 90年代는 가히 여성의 정치참여가 모든 여성단체들의 세미나, 국제회의, 강연의 주요 이슈로 등장하였으며 큰 결실을 맺었다.

54) 당선할당제, 쿼터제도에 관해서는 하영애,『대만지방자치선거제도』, (서울: 삼영사, 1991) ; 하영애, "대만권력구조에서 여성의 정치참여와 활동", 한국국제정치학회 발표논문, 2000. 12. 14. 참고.

55) 정당법 여성30% 할당 명시를 위한 범국민 서명 캠페인, 1999. 9. 16. 한국여성단체협의회 창립 40주년 기념 제 36회 전국여성대회(3천여 명 참석)시 서명운동 전개하다 ; 정당법에 비례대표 여성 30% 할당 명시 촉구 성명서 발표 및 각 정당에 송부하다 2000. 1. 17.

결과로 이루어진 것이라 하겠다.

입법부의 정치참여와 관련하여 중국의 여성정계진출을 논한다면, 양회 중 전인대여성대표수는 1995년 전후를 비교하면 증가하지는 않았다고 하겠다. 오히려 그 비율이 하락했다. 그러나 정협 여성위원은 1993년에 9.2% 급 하강하였다가 제9대(2003)와 10대(2008)에 각각 15.5% 와 16.8%로 상승함으로서 정협 여성의원들의 정계진출이 크게 증가 한 것을 볼 수 있다. 또한 전인대여성인민대표의 비율을 증가시킬 수 있는 "22%보다 낮지 않도록 한다."는 법적인 제도를 마련한 것은 북경행동강령의 이행결과가 만들어낸 성과라고 하겠다.

2) 한·중·대만 여성의 사회지위 향상에 기여

제4차 세계여성대회는 북경행동강령의 이행이라는 '강력하고 실제적인 제도'를 통해 한국여성의 사회지위에도 변화를 가져오게 하였다. 먼저 한국은 북경행동강령 이행을 위하여 1995년 11월 국무총리의 지시로 정부위원회의 여성위원 참여 목표율을 2005년까지 30% 설정하였고, 1995년 12월에 제정된 '여성발전 기본법'에서는 중앙정부와 지방자치단체에 여성위원 참여확대를 위한 연도별 목표를 수립·시행토록 의무화하였다.[56] 이 결과, 1999년 6월에 정부 각 중앙행정기관 관리대상위원회 1,161개 중 여성이 참여하고 있는 위원회의 비율이 중앙행정기관은 67.1%, 지방자치단체는 62.5%로 각각 나타났다.[57] 또한 한국의 '여성발전 기본법'의 제정은 이듬해인 1996년 3월 유엔여성지위위원회에서의 발표를 통해 타국 여성들에게도 널리 알리는 효과를 가져왔다. 뿐만 아니라, 이 법에 근거하여

---

56) 강선혜 외 1명, 『북경행동강령 이행조사 보고서 2000』, pp.113-114.

57) 강선혜 외 1명, 『북경행동강령 이행조사 보고서 2000』, p.114.

'여성발전 기금'이 만들어졌으며 한국정부의 여성가족부와 서울시를 비롯한 지방자치단체에서는 수많은 NGO와 여성단체들은 이 발전기금으로 세미나, 교육, 연수, 국제교류 등 각 단체의 다양한 사업을 활성화시키는데 적용함으로서 정부와 민간단체의 유기적인 관계향상과 여성들의 사회참여 및 지위향상에 크게 기여하였다. 특히 북경행동강령 이행상황을 분석한 유엔보고서에 의하면 국가의 원활한 기능에 대한 가장 공통적인 장애물로서 북경행동강령의 전략목표를 달성하는데 적절한 재정적 및 인적자원의 결여를 제시하였다. 이렇게 볼 때, 한국의 여성발전기금 형성은 여성NGO들과 또한 경제형편이 열악한 단체들에게 재정적 보조를 해준다는 의미에서 중요한 의의를 지닌다고 보겠다. 실로 북경행동강령의 제7항과 8항의 강력한 시행과 적극적 조치로 한국은 다양한 제도적 성과를 가져옴으로서 여성의 사회지위향상에 기여하였다. 관련 법규를 예를 들면, 여성채용목표제 채택, 정부 6개 부처에 여성정책 담당관실 설치(1998), '남녀차별금지 및 구제에 관한 법률'(1999)제정, '여성기업 지원에 관한 법률'(1999) 등 이다. 중국에서는 '부녀발전권익법(婦女發展權益法)'을 제정하는 등 다양한 법규를 마련하였으며 그 일환으로 중국은 한국에서 여자대학교를 답습하여 중국에 여자대학교 '중화여자학원(中華女子學院)'을 설립하였다58). 한중여성의 정치와 지위향상에 제도화를 통한 실제적인 영향을 끼쳤다고 하겠다.

3) 한·중·대만의 여성관련 정책의 변화

다수여성들과 관련한 제도적 장점은 한·중·대만의 정책변화를

---

58) 하영애, 『밝은사회운동과 여성』, (서울: 범한서적, 2005), pp.95-96.

통해 고찰해볼 수 있다. 1975년 제1차 세계여성대회 이후 35년간 한국여성정책에는 큰 변화가 있었다. 1983년에 [한국여성개발원]이 설립되고 여성정책을 전담하는 오늘의 '여성가족부'의 전신인 '정무장관실(제2)'이 탄생하여 여성국무위원이 국가의 정책결정과정에 참여하게 되었다. 그러나 더욱 직접적인 것은 1995년 제4차 세계여성대회 이후라고 하겠다. 한국은 정부, 여성단체 등에서 수차의 논의를 거쳐 그해 12월에 "여성발전 기본법"59)을 제정하였고, 매년, 1년 동안의 여성업무를 결산 보고하고 새로운 다양한 문제를 논의하는 "여성주간"(매년 7.1-7.7까지)이 제정되었다. 이러한 결과, 1998년 제19차 '유엔차별철폐위원회' 회의와 1999년 제43차 '유엔여성지위위원회' 회의에서 높은 평가를 받았고 많은 국가들로부터 가장 발전적인 성과를 거둔 나라로 평가받았다.60) 또한 국가의 중장기 여성정책인 제1차 여성정책 기본계획(1998-2002)의 수립(1997)및 추진을 이 법에 근거하여 시행하였으며 특히 주목할 것은 2001년에는 '여성특별위원회'를 '여성부'(女性部: gender equality)로 승격하여 여성 관련 법규를 입법할 수 있는 실권을 갖게 함으로서 여성의 인권, 권익향상, 제도개선 등 여성평등에 관해 실질적이고 긍정적인 발전을 거듭하였다. 한편 여성관련 3대 법규 "모성보호산법", "남녀고용평등법", "고용보험법"을 개정하여 새로운 활력소를 갖게 하였으며 60일간의 산후휴가를 90일로 연장하는 등 관련법규를 개정하여 시행하고 있다.

중국정부는 1990년 국무원에 여성아동공작위원회를 설립했는데 여기에는 24개 정부부문과 5개 비정부기구로 구성되었으며 여성과

---

59) 이연숙, "여성정책 주류화에 있어서 여성 지도자의 역할", 여성부 발행, 『동북아시아 여성지도자회의』 자료집, 2001, pp.38-39.

60) 보고서, p.125.

아동관련 업무와 사업의 발전을 추진하였다. 또한 2001년에 [중국여성발전강령]을 제정발표하고 이를 [중국사회와 경제발전의 10차 5개년계획]에 포함토록 전국부녀연합회가 꾸준히 노력하고 추진한 결과 정부의 2001-2010계획에 [중국여성발전강령]의 총 목표와 주요목표가 들어가는 법규가 제정 통과되었다. (2000. 4. 20). 남녀평등관련 법규로는 [중화인민공화국 여성권익 보장법(中華人民共和國婦女權益保障法)]이 제정 통과되었는데 여기에는 중화전국부녀연합회, 전국인대대표, 정협위원, 여성대회 대표들이 의안제안과 건의서를 제출하였고 상무위원회가 중요하게 다루어 이루어졌다.61) 이 법률의 공포시행은 여성기구가 입법부의 성 주류화를 성공적으로 추진한 사례라고 하겠다. 이 결과 여성기구와 정부 각 부문이 협력하여 여성인권, 국가 공무원의 남녀평등의식을 고취시키고 법 집행의 공정성을 강화 하고 있다. 무엇보다도 한중양국은 여성문제를 전담할 수 있는 기구로 한국의 '여성가족부'와 중국의 '중화전국부녀연합회'가 건립되어 여성의 권익과 성 평등 문제를 개선해 나가고 있다고 하겠다. 이는 가까운 이웃나라 일본에서는 여성전담기구가 없는62) 점과 비교할 때 장점중의 하나라고 할 수 있다.

대만은 앞서 살펴보았듯이 일찍부터 여성당선할당제도를 채택하였고 그 후 1/4성별비례대표제를 여성관련 정책으로 시행하였다. 특히 마잉주 총통의 여성정책에 대한 집념과 의지로 '성 평등위원회'가 설립되어 대만여성의 지위변화에 적지 않는 성과를 가져왔다.

---

61) 劉保紅, "中國婦女在性別主流化中的 作用", 여성부 발행, 『동북아시아 여성지도자회의』 자료집 pp.108-109.

62) 2001년 한국의 여성부에서 개최한 '한중일여성지도자 회의' 이후 세 나라는 번갈아가며 이 회의를 지속적으로 추진하도록 하였다. 그리고 그 이듬해 이 회의를 추진하는 과정에서 중국 전국부녀연합회는 최종적인 결정을 보류했는데 그 이유 중의 하나는 일본에 여성전담기구가 없어서 지속적인 논의를 할 수가 없다고 하였으며 결국 그해 회의를 하지 못하였다.

한 중 대만의 여성 정책은 다음과 같이 나타낼 수 있다.

〈표-8〉 한·중·대만 여성의 정책 변화

한국	중국	대만
- 1983년 '한국여성개발원' 설립, - 정부조직 구조 중 정무장관 (제2)실 - 2001년 1월 29일 여성부 설립 ■ 한국여성발전기본법 제정. '여성주간'(매년 7.1~7.) 제정 ■ 여성관련 3대 법규 개정: 모성보호산법, 남녀 고용평등법, 고용보험법, 60일간의 출산휴가를 90일로 연장.	- 1990년 중국 국무원 '부녀아동공작기금회' 설립. - 2001년 '부녀발전강령 (婦女發展綱領)' 제정. - 중화전국부녀연합회 (中華全國婦女聯合會). - '중화인민공화국 부녀 권익법' 제정 및 실행.	- 여성당선 할당제 (婦女當選保障名額制度); 헌법 제 134조 - 1/4성별 비례제 채택 (1/4性別比例代表制); - 전국구 여성의원 1/2 공천제(不分區立法委員 1/2制度) - 성평등 위원회 발족 (행정원 직속)

6. 한중대만여성의 정계진출에 있어서의 문제점과 개선방안

1) 한·중·대만 양국여성의 정계진출의 현주소와 문제점

한국은 비록 현행 18대 국회의원선거에서 총 299명 중 여성의원이 41명을 차지하였고 중간의 계승한 1개 의석수까지 합하여 42의석으로 14.05%의 비율을 나타내고 있다. 이 숫자는 전 세계 평균인 18.8%에 비교하면 아직도 상당한 차이를 나타내고 있다고 하겠다. 또한 이 비율을 다음 선거에서도 계속유지 할 수 있을지도 모르므로 지속적인 의회의원비율을 향상시켜 정치사회에서 여성의 심성을 대변할 수 있도록 해야 한다

한국과 중국의 입법위원(국회의원과 전국인민대표)을 1995년을 기준으로 비교해본다면 한국은 1948년 제헌국회에서 총 200명 국회

의원 중에 여성의원 1명으로 0.5%였으며 제14대(1991년)까지는 평균1.9%에 불과하여 세계여성지위의 권한 척도에서 최하위에 머물었으며, 2003년에는 70개 대상 국가 중에서 63위에 그쳤다.63) 그러나 북경행동강령과 이행촉구의 시행이후 실시된 15대(1996)부터 18대(2008)까지 한국여성의 국회의원 비율은 평균 9%를 유지하고 있다. 현행 18대국회의원을 본다면 13.7%에 이르니 초기의 0.5%와 비교한다면 괄목할 만한 성과를 가져왔다고 하겠다. 중국은 흔히 양회라고 하여 전국인민대표와 전국 정협위원이 입법기능을 수행하고 있다고 하겠다. 전국인민대표는 제1대(1954)에 총인원 1,072명 중 여성대표는 147명으로서 12%의 높은 비율을 나타내었다. 이 비율은 제8대(1993)까지 평균 18.6%의 높은 비율을 나타내고 있으며 이는 한국의 1.9%와 비교하면 중국은 시작부터 여성문제를 남녀가 함께 논의할 수 있는 최소의 인원이 함께 의회에 입문 한 것이라고 하겠다. 1995년 이후 중국의 여성정치참여율은 어떻게 달라졌을까? 제9대(1998)부터 제11대(2008)까지 전국인민대표 중 여성대표는 평균 21.11%이다. 그러나 중국의 여성정계진출은 발전했다고 볼 수가 없다. 왜냐하면 앞의 <표-4>에서 살펴보았듯이 중국전국인민대표 중 여성대표의 수는 초기에 12%를 빼고는 계속 상승해 왔으며 심지어 제4대(1975)에는 여성대표비율이 22.6%까지 상승하였는데 최근에는 오히려 30년 만에 가장 낮은 20.2%(제11대)로 떨어져 학계와 각계의 비평의 목소리가 높다.

　중국은 여성 인민대표의 비율을 확대하기 위한 일환으로 2007년 3월 전국인대에서는 '제11대 전국인민대표대회 명액화선거문제에

---

63) 김민정, "한국여성과 정치-여성의 정치참여방안", 『3.8 세계여성의 날 기념 대 토론회, 여성! 베이징 그리고 15년』, 한국여성단체협의회 발행 자료집, 2010. 3. 8. p.22.

관한 결정(關于 第 十一屆全國人民代表大會名額化選舉問題的 決定)'에 따라 제11대 전국인대대표 중 여성대표의 비율을 22%이하로 낮게 해서는 안 된다[64] 라고 결정하였다. 이는 중국이 처음으로 전국인대여성대표에 대한 명확한 결정을 내린 것으로 당과 정부가 여성에 대해서, 특히 고위층여성의 정치참여를 중요시한 진일보한 조치[65]라고 평가 하고 있다 그럼에도 불구하고 2008년에 실시한 제11대 전국인대대회대표에서 여성인대대표는 637명으로 21.3%를 기록하여 (남성의원 2,381명으로 79.8%) 22%에 미치지 못함으로서 학계의 지적을 받고 있다.[66]

정치협상위원을 살펴보면, 제9대 (1998)정치협상위원(남성 1855명, 84.5%) 중 여성정치협상위원은 341명으로 15%였고 제10대 (2003)의 정치협상위원은 남성위원이 1863명(83.2%) 중 여성위원이 375명으로 16.8%로서 1.8% 상승한 것으로 나타났다. 그러나 <표-6> '제8대부터 10대까지의 전국인민대표와 정치협상상임위원의 성별구성(第八代～十代全國人大, 政協常委性別構成)'의 여성정치협상 상임위원에 대한 자료를 살펴보면, 고위직이며 요직이라고 할 수 있는 '정치협상상임위원' 중에서 '여성 정치협상상임위원'은 제8대에 9.7%, 제9대에 10.0%, 제10대에 11.4%로서 평균 10.3%에 불과하다. 다시 말하면, 중국여성의 정계진출은 "삼다삼소(三多三少)"가 있는데 이는 형식적 직위가 많고, 실제적 직위가 적으며, 부(副)직위가 많고 정(正)직위가 적으며, 黨務부문이 많고 經濟 분야에 적은 것을 말한

---

64) 吳曉靈 委員발언, "關于人大代表的擴乏性-人民代表大會審議 摘登(三)", <中華人民共和國全國人民 代表大會和地方各級人民代表大會選舉法修正案(草案)>審議發言.

65) 吳曉靈 委員발언, "關于人大代表的擴乏性-人民代表大會審議 摘登(三)", <中華人民共和國全國人民 代表大會和地方各級人民代表大會選舉法修正案(草案)>審議發言.

66) 吳玲, 『中國婦女參政及其影響因素分析』, 碩士學位論文, 2005.10, p.16.

다.[67] 흔히 모든 요직의 노른자위에는 남성이 절대다수를 차지한다는 이론과 실제상황이 중국도 예외는 아니라고 하겠다.

〈표-6〉 중국 전국인민대표대회 및 정치협상회의 성별 구성표 (제8대-10대)

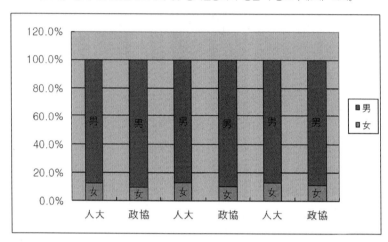

性別/類型	第八代 (1993年)		第九代(1998年)		第十代(2000年)	
	人大	政協	人大	政協	人大	政協
女	12.6%	9.7%	12.7%	10.0%	13.2%	11.4%
男	87.4%	90.3%	87.3%	90.0%	86.8%	88.6%

자료출처: 中國社會中的女人和男人-事實和數据(2007), 國家統計局社會和科技統計司, p.108.

다시 말하면, 중국전인대 여성대표에 관해 제도적 보완에 대한 주장이 강하게 대두되고 있다. 즉, 여성대표의 참여향상을 위해서는 비록 각 국가에서 시행하는 할당제, 정당비례대표와는 그 성격이 다르다고 하더라도 여성의원 할당제(名額制)에 관한 "여성의 의회참여 비율이 22% 이하가 되어서는 안 된다"라는 법적요구는 마땅히 실

---

67) 吳玲, 『中國婦女參政及其影響因素分析』, 碩士學位論文, 2005.10, p.21.

행되어져야 할 것이다.

대만은 중국과 한국뿐만 아니라 아시아 국가에서 여성의 정치참여가 가장 높은 국가이다. 그러나 '남녀동등의석제도'를 채택하고 있는 유럽국가의 여성의 정치참여와 비교해보면 대만 역시 이 분야에 더욱 노력 할 필요가 있다고 하겠다. 대만의 야당 여성의원으로서 여성운동가 출신인 민진당의 엽의진(葉宜津) 입법위원은 필자와의 인터뷰에서 유럽처럼 여성의원 비율을 높일 필요가 있다는 의견을 강하게 제기하였다.[68] 과연 유럽국가의 여성의 정치참여는 어떠한가? 이에 대해 프랑스와 스웨덴의 대표적 사례를 고찰해보자.

프랑스는 1999년에 '의회에 남녀동등 의석수 구성'의 헌법을 개정함으로서 33년 만에 양성정치평등에 커다란 변화를 가져왔다. 실제로 세계 많은 국가 중에서 프랑스는 비교적 늦게 여성들에게 선거권과 피선거권을 부여 하였고 여성의원비율은 1966년에 고작 5%였다. 그러나 1999년 6월 28일 투표결과 헌법에 명시하기를, "헌법은 선거에 의한 권한위임과 선출직 공무원에 남성들과 여성들이 동등하게 접근하는 것을 장려 한다."(실비안느 아가젠스키(Sylviane Agacinski) 지음, 유정애 옮김, 2004) 라는 남녀동수원칙이 적용되어 놀랄만한 결과를 가져왔다. 동년 12월에 통과된 법률에 따르면, 인구 2만 5천명 이상의 지역선거에서 각 정당은 입후보자 명단을 남녀동수(50/50)로 하되 전체 입후보자를 6명 단위로 끊어서 각 단위에 남녀가 동수로 섞여야한다. 특히 각 정당이 이 같은 동등 대표성의 원칙을 위배할 경우 벌금을 물림으로써 의회선거에서 남녀동등수를 적용하도록 조정한다(김은희, 2005)는 것이다. 이러한 영향은 2001년의 선거에

68) 대만여성입법위원 葉宜津을 필자가 방문 인터뷰.하였다. 2013. 1. 10. 오후 5시 10분-40분. 대만입법부 葉宜津 입법위원실.

서 여성들이 의회참여가 대폭 증가하였다. 즉, 주민 1만 5천명 이상
의 시의회에서 여성비율이 22%에서 47.5%로 급증하였고 여성시장
도 11명이 증가하였다.[69]

스웨덴의 양성평등 정치는 "두 명당 한 명 꼴로 여성을"이라는
내용을 담고 있는 국가보고서인 '바르안난 다메르나스(Varannan
damernas)'로 대표된다. 이 보고서는 스웨덴 양성평등 정책의 상징
으로 1970년 대 까지 구축된 복지제도를 기조로 한 '가정 내에서의
양성 평등적 구조'를 정치 및 사회 전반에 파격적으로 영향을 미칠
수 있도록 다양한 정책 목표를 제시하고 있다.[70] '바르안난 다메르
나스'는 1990년대 들어 세계에서 가장 앞서가는 양성평등 국가를
지향하는 스웨덴에서 정책분야에 필수적으로 적용되고 있다.

스웨덴은 중앙선거 및 모든 선거에서 남녀동등의석 제도를 시행
하고 있음을 볼 수 있는데 1991년 '양성 평등부'가 신설되었고 이후
양성평등정치가 주류정치로 자리매김하였으며 1994년에는 정부조
직체계에서 고정된 틀로 정착되었다. 1995년 북경에서 개최된 세계
제 4차 여성대회에서 양성평등정책의 시행- 모든 국가의 여성정책에
서 '주류정치'로 자리매김 하도록 한 스웨덴의 양성평등정책은 바로
'바르안난 다메르나스' 남녀 동등의석 제도에 기인하고 있으며 이는
실로 세계의 정치가와 여성들에게 대단히 주목할 만한 제도로 자리
매김하고 있다고 하겠다.[71]

---

69) 여성시장은 33명에서 44명으로 늘었다. 실비안느 아가젠스키(Sylviane Agacinski)지음, 유정애
옮김, 『성의 정치』 (서울: 일신사, 2004), pp.7-8.

70) 김형준, 『젠더 폴리시스』 (서울: 인디, 2012), p.44.

71) 왜냐하면 한국은 이러한 영향으로 '여성발전기금법'이 통과되었으며, 이 발전기금은 여러 가
지로 열악한 상황에 있던 한국의 NGO와 여성NGO 단체가 활동할 수 있는 단초를 마련하였
다. 또한 여성의원들의 중앙 및 지방 정치참여도 비록 스웨덴에는 비할 바가 못 되지만 점차
향상되는 계기를 마련하였다고 하겠다.

민주정치는 정당정치이며 정당을 통한 정치충원이 이루어지기 때문에 정당의 공천과정이 개방 되지 않으면 여성의 의회진출을 원활히 추진할 수가 없는 것이다. <표-2> 스웨덴정당에서의 여성할당제를 채택하고 있는 현황을 보면, 녹색당이 1981년에 당기관의 50%를 여성할당제를 시행하고 1987년에 전당대회에서 50%이상 여성할당제를, 좌익당이 1987년에, 그리고 사민당이 1993년부터 남성, 여성후보자를 교차순위제로 50%씩 공천하고 있다. 그러나 국민당은 1972년 이후 당기관내 여성할당비율 40%를 확정 실시하고 1984년 선거에서부터 40% 여성비율을 확보할 것을 권고하고 있다. 기독민주당은 1987년부터 40%를, 보수당은 1993년부터 50%, 중앙당은 1996년부터 50%를 여성비율확보의 목표를 설정하고 있다.

<표-2> 스웨덴 정당의 여성공천 관련 규정 및 내용

정당	내 용
국민당	1972년이후 당내기관의 여성할당 비율 40% 확정실시 1984년 선거에서부터 40% 여성비율 확보할 것을 권고
기독민주당	1987년 전당대회에서 최소 50% 여성할당 결정
보수당	1993년부터 50% 여성비율 확보목표 설정
중앙당	1996년부터 50% 여성비율 확보목표 설정
사민당	1993년 전당대회에서 남성, 여성후보자를 교차순위재로 50% 씩 공천
좌익당	1987년 전당대회에서 최소 50% 여성할당 결정
녹색당	1987년 전당대회에서 50%이상 여성 할당 1981년부터 당기관의 50% 여성할당제 채택

자료출처: 김형준, 『젠더 폴리시스』(서울: 인디, 2012), p.52. 참고 및 필자 재구성

2) 한·중·대만 여성 정계진출의 전략적 발전방안

70, 80년대가 여성정치의 맹아기(萌芽期)라면 90년대- 2000년은 여성이 각 방면에서 역할을 할 수 있는 제도적 정착기(制度的定着期)

의 기초를 닦았다고 하겠다. 그러나 미래사회에 한중대만 여성의 정치적 성숙기(政治的成熟期)를 위해서는 몇 가지 발전방안이 요구되고 있다.

(1) 여성의 의회관련 법률개선을 통한 제도의 정착

여성정치 참여가 높은 국가는 의회에서의 여성비율을 위한 쿼터제, 할당제, 일정비율제도를 정당이나 의회에 적용하고 있다. 그러므로 한중양국의 여성의회의원들의 비율을 최소한 현재보다 상승시켜야한다. 오효영 위원은 선거법수정안 초안을 심의할 때 중국여성들의 의회참여비율을 현재의 비율에서 25%까지 책정하도록 법률로 규정해야한다고 주장하였다.[72] 또 다른 연구에서도 최소 20-25%를 주장한다.[73] 이렇게 해야만 여성군중의 요구와 뜻에 부응할 수 있으며 여성들이 사회참여에 있어서 정책결정과 관리를 심도 있게 할 수 있다. 그는 또 세계의 100여개 국가와 130여개의 정당에서 여성의 정치참여를 통해서 참정인원수를 증가 시켰으므로 이를 위해서 '명액제'를 강력하게 제시하였다. 전국부녀연합회 부주석과 서기를 하고 있는 천시우롱(陳秀榕)위원 역시 중국에서 미래의 여성참정의 수평적이고 유효한 기제는 법률 중에 여성의 비율을 확정해야한다고 강력히 주장하였다.[74] 2004년 한국은 정당법 제31조에 국회의원 전국구의 비례대표제에 여성의원을 30% 할당하도록 '권장사항'으로

---

72) 吳曉靈 委員발언, "關于人大代表的擴乏性-人民代表大會審議 摘登(三)", <中華人民共和國全國人民代表大會和地方各級人民代表大會選擧法修正案(草案)>審議發言. 中國人大网 www.npc.gov.cn (검색일: 2009. 11. 12).

73) 于芳, "中國婦女參政: 問題, 成因及對策", 南昌大學學報(人文社會科學報), 第40卷 第5期, 2009年 9月. pp.21-22.

74) 陳秀榕委員발언, "關于人大代表的擴乏性-人民代表大會審議 摘登(三)", <中華人民共和國全國人民代表大會和地方各級人民代表大會選擧法修正案(草案)>審議發言,中國人大网 www.npc.gov.cn (검색일: 2009. 11. 12).

명시하고 있다. 지금은 비록 42명으로 14.05%의 비율을 보이고 있지만 차기 선거에서 계속 이 비율을 유지할 수 있을지는 예측불허이다. 중국 역시 그러하다. 비록 전국인민대표의 수를 높여야 한다고 주장한 쟝쩌민(江澤民) 주석이 남녀평등을 중국사회발전의 '제1항 기본국책'으로 천명했음에도 불구하고 법규를 수정하였으나 그 구체적 비율이나 수를 명문규정하지 않고 '적당수량'(適當數量)이란 표현을 명시하여 학계와 여성 지도자들의 강력한 비평을 받고 있다.[75) 그러므로 양국의 정당법이나 선거법규에 명백하게 명문화해야만 두 나라 여성정계진출이 활성화될 수 있을 것이다.

(2) 중국여성들의 여론화와 행동화 요구

앞에서 논의한 바와 같이 한국의회에 여성의원들의 비율이 상승한 것은 선거제도화가 정착되었기 때문이다. 그러나 이러한 업적과 성과는 저절로 이루어진 것이 아니다. 한국은 학계를 중심으로 90년대에 지속적인 연구와 쿼터제 도입을 주장하였으며 여성정치인, 여성단체, 학계가 꾸준히 쟁취해서 이룬 결과이다. 중국도 여성인민대표가 증가하여 여성들의 권익을 증진시키고 여성의 정치사회적 지위를 향상시키기 위해서는 여론화와 제도의 실질적 요소인 '인간의 행동화'를 통해서 이루어야한다. 특히 한국의 '국회여성특별위원회' 같은 기구를 통하여 여성들과 여성단체 학계 등이 연대의 힘으로 쟁취해야 할 것이다. 여성정책을 추진할 수 있는 가장 중요한 힘이 의회여성들의 수적증가라는 높은 답변이 보여주는 것처럼 양국여성의

---

75) 于芳, "中國婦女參政: 問題, 成因及對策", 南昌大學學報(人文社會科學報), 第40卷 第5期, 2009年 9月. p. 22.: 陳秀榕委員과 吳曉靈委員의 발언에서도 강력히 비평하고 있다. "關于人大代表的擴乏性-人民代表大會審議摘登(三)", <中華人民共和國全國人民代表大會和地方各級人民代表大會選擧法修正案(草案)> 審議發言,中國人大网 www.npc.gov.cn (검색일: 2009. 11. 12).

의회진출을 위해서는 다양한 선거제도가 도입 제정 집행되어야 하며 또한 양호한 선거제도는 지속적으로 정착되어 뿌리내리도록 해야 한다.

(3) 한중양국 여성 지도자는 전문성(專門性)을 가져야한다.

여성이 의회뿐만 아니라 중앙정부의 핵심기구에 진출하기 위해서는 각국 모두 여성도 반드시 전문성을 가져야 한다. 한국의 초대 여성차관을 역임한 김정숙은 국회의원을 역임한 후 차관에 임용되었으며 그 후 한국정치문화연구소의 활동과 아태지역여성정치총재를 역임하는 등 다양한 능력을 발휘하여 다시 국회의원을 역임한 3선 의원이다. 중국의 전인대여성대표와 전국 부녀연합회 부주석과 서기를 지낸 쫘오샤화(趙小華)는 현재 중국문화부 차장(次長: 한국의 차관에 해당)에 임명되어 그 능력을 발휘하고 있다. 앞서 논의했던 한국의 '총선여성연대' 나 '맑은 정치 여성네트워크' 등의 여성단체가 후보자들을 추천한 기준에서 전문성을 강조하였으며 이는 동서고금에서도 중요시 되는 지도자의 덕목이다. 이처럼 여성으로서 각국 중앙정부의 요직에 임용된 자 중에는 각 분야의 전문직여성들이 중용됨으로 다양한 분야에서 여성들은 전문성을 길러야 할 필요가 있다고 하겠다.

(4) 대만여성들은 유럽여성들의 정치참여를 거울로 삼을 필요가 있다.

동북아의 여성참여는 앞에서 살펴본 바와 같이 2016년 현재 한국은 15.7%, 중국은 23.4%, 대만은 38.1%로서 대만의 여성참여는 동북아에서 선두를 달리고 있으며, 무엇보다도 발전중인 아시아 국가에서 1위를 차지하고 있다. 그러나 유럽 국가 중 프랑스와 스웨덴의 여성참여를 고찰해보면 남녀의석수가 50대 50을 비롯한 프랑스를 비롯하여, 스웨덴 역시 정당의 여성참여가 44.5% 높은 비율을 나타내고 있다. 그러므로 대만의 입법부에서 여성들의 비율이 38.1%의 아시아에 머물지 말고 유럽국가의 여성참여를 거울로 삼아 더욱 적극적인 참여를 이끌어내어야 할 필요가 있음을 제의한다. 물론 그럼에도 불구하고 한국이나 중국의 각 의회에서는 대만의회의 여성참여를 본 받아 실제적 참여, 즉 제도 개선과 여성들이 후보자로서 더욱 열정적으로 참여하고 당선자로서의 득표를 확보할 수 있도록 해야 할 것이다.

(5) 교육훈련을 통한 여성정치지도자의 양성이 급선무이다.

정치에서의 여성의 지위와 역할은 사회전체에서의 여성의 지위를 나타내는 바로미터가 된다. 한·중·대만 여성들은 지속적인 여성정치발전을 위해 대학이나 대학원의 학교교육을 통하여 차세대 여성정치지도자를 배양해야하고, 여성단체에서도 다양한 프로그램으로 꾸준히 여성 지도자를 양성해야한다. 정치에 대한 전문능력과 경험을 익히고 보다 적극적으로 정치에 참여하고 미래에 대한 준비를 해야 더 많은 여성들이 미래의 한국과 중국, 그리고 대만 또한 아시아를 이끌고 나갈 수 있을 것이다.

7. 결론

본 연구는 한국과 중국 그리고 대만여성들의 의회진출과 사회참여에 관해 제도론적 접근법으로 고찰해보았다. 본 연구의 결과 다음 몇 가지를 도출할 수 있다.

첫째, 할당제, 정당비례대표제의 선거제도는 한국여성의 의회진출에 절대적인 영향을 미쳤다. 여성의 의회진출비율이 50여 년간 지극히 낮은 비율에 비해 두 제도를 도입 활용함으로서 여성의원의 수적 지위는 크게 향상되었다. 당선할당제 도입은 16대 국회의원선거에서 총273명 의원 중 여성의원이 16명 당선되어 5.9%의 성과를 가져왔는데 이는 제헌국회(1948년 0.5%)이후 가장 높은 비율을 나타낸다. 이어서 정당비례대표제의 도입이 적용된 제17, 18대여성의원은 (17대: 39명과 중간승계 3명, 18대: 41명과 중간승계 1명)각각 42명으로서 14.05% 비율로 62년 만에 가장 높은 여성의원 전성시대를 맞이하였다고 하겠다.

둘째, 특정제도는 한·중·대만 여성들의 사회지위와 정치지위향상에 직·간접적인 영향을 미쳤다고 할 수 있다. 북경행동강령 이행조치의 '강력하고 실제적인 제도'의 영향으로 한국은 1995년 12월에 '여성발전기본법'이 제정되었고 이어서 '여성발전기금'의 시행을 비롯하여 '여성주간(매년 7.1-7.7)'이 선포되어 매년 이를 시행한다. 무엇보다도 '여성발전기금'에 의해 한국의 많은 여성단체에서는 대학생 모의유엔, 양국언어 말하기대회, 외국인 서울문화체험 주부도우미 육성교육 등 다양한 사업을 추진함으로서 참여와 교육을 통한 삶의 질 향상의 기회를 제공하고 있다. 이는 타국 여성들에게도 '닮음'으로 전파되고 있는데 예를 들면, 최근 일본에서는 한국여성지도자를 초청, 한국여성의 발전을 모델화하여 강연회를 개최[76]하는 등 답습하는 움직임이 일고 있어 한국 여성으로서의 자긍심과 아울러 동북아여성들에게 신선한 충격을 주고 있다.

셋째, 하나의 제도는 정치적 세력과 사회적 세력의 영향을 받으며 타제도의 형성과 변화에 영향을 미친다. 한국여성들의 여론, 민심, 제도화를 위한 강력한 투쟁정신은 남성독주의 정치무대에서 여성 세력화의 계기를 마련하였다. 중국여성들은 전국인대여성대표 22% 의 목표달성을 위해 한국여성들의 다각적인 행동을 답습함으로서 타산지석의 효과를 가질 수 있을 것이다. 그러나 유엔의 여성권한척 도에서 낮은 순위와 세계의회의원 중 여성의원이 한국 81순위, 중국 55순위를 기록하고 있는 현실을 직시해야한다. 이는 G20 개최국의 한국위상에 걸맞지 않는다. 또한 '여성이 하늘의 절반을 차지한다(婦女半邊天)'는 중국의 캐치프레이즈와도 거리가 멀다. 이러한 관점에 서 양국여성의원들은 현재에 머물지 말고 전문성을 길러 정부의 권 력기구의 핵심에서 지도력을 발휘하여 정치적 양성평등을 이룰 수 있도록 해야 할 것이다.

특히 여성의 정치참여 활성화를 위하여 첫째, 한·중·대만의 여 성 지도자는 전문성을 가져야하며. 둘째, 한·중 여성의 법률정비를 통한 제도화의 정착. 셋째, 중국여성들의 여론화와 행동화 요구. 넷 째, 지속적인 교류활동과 적극적인 연대협력 추진. 다섯째, 교육훈련 을 통한 여성 지도자의 양성을 제시한다.

그러나 무엇보다도 정치에서 양성평등이 이루어져야한다. 한·중· 대만 여성의 정계진출은 서구 선진 국가와 비교해 볼 때 여전히 열악

---

76) 이연숙 전 정무 제2장관(여성부의 전신)은 일본 여성단체의 초청을 받고 한국여성단체가 이루 어낸 다양한 제도적 성과들(여성발전기본법 제정, 호주제 폐지 등)에 대하여 강연을 하였으며, 큰 상을 수상하였다. 2010. 3. 26. 롯데 호텔에서 필자와 인터뷰.

한 상황이다. 따라서 여성정치 참여 면에서, 형식적 평등이 아닌 실질적 평등과 권한을 행사할 수 있어야 정치에 있어서 양성평등을 이루어 질 수 있고 또한 진정한 남녀평등이 이루어질 수 있다.

가까운 미래사회에 한·중·대만 여성의회의원들은 '제도적 파트너'[77])로서 상호교류 하고 닮음을 공유하며 발전적 리더십을 발휘하여 한·중·대만의 여성문제는 물론 동북아 및 세계여성과도 어깨를 겨룰 수 있는 계기가 되기를 기대한다.

---

77) 김영진, "중국 전국인민대표대회 개혁과 협력방안", 『의정논총』 제3권 제2호, p.186.

하영애

건국대학교 정외과 졸업
건국대학교 대학원 정치학 석사
국립대만대학교(National Taiwan University) 정치학 박사
경희대학교 후마니타스칼리지(Humanitas College) 교수
북경대학(2010), 청화대학(2011) 방문교수
사단법인 한중여성교류협회 회장
사단법인 한중우호협회 부회장
민주평화통일 자문위원회 위원
고등 검찰청 항고심사회 위원 (역임)
재중국 한국인회 자문위원 (역임)
한국여성단체협의회 이사, 국제 관계 위원장 (부회장 역임)
경희대학교 여교수회 회장

조영식과 평화운동, 2015.
한중사회속 여성리더, 2015.
韓中 사회의 이해, 2008.
臺灣省縣市長及縣市議員 選擧制度之硏究, 2005.
밝은사회운동과 여성, 2005.
지방자치와 여성의 정치참여, 2005.
중국현대화와 국방정책, 1997.
한국지방자치론(공저), 1996.
대만지방자치선거제도, 1991.

대만의 여성과 문화
그리고 정책

대만을
생각한다

초판인쇄 2016년 12월 30일
초판발행 2016년 12월 30일

지은이 하영애
펴낸이 채종준
펴낸곳 한국학술정보㈜
주소 경기도 파주시 회동길 230(문발동)
전화 031) 908-3181(대표)
팩스 031) 908-3189
홈페이지 http://ebook.kstudy.com
전자우편 출판사업부 publish@kstudy.com
등록 제일산-115호(2000. 6. 19)

ISBN 978-89-268-7834-7 93340